Ostinstitut Wismar (Hg.)

Wirtschaftspolitische Gespräche des Ostinstituts Wismar.
Im russischen Spannungsbogen: Deutsche Wirtschaft und
Politik zwischen Werten und Partnerschaft

Ostinstitut Wismar (Hg.)

Wirtschaftspolitische Gespräche des Ostinstituts Wismar
Im russischen Spannungsbogen: Deutsche Wirtschaft und Politik zwischen Werten und Partnerschaft

Schriftenreihe: Rechtspraxis im Ostseeraum, Band 5
herausgegeben vom Ostinstitut Wismar
www.ostinstitut.de

1. Auflage 2012 | ISBN: 978-3-86741-740-2

Ostinstitut Wismar (Hg.)

Wirtschaftspolitische Gespräche des Ostinstituts Wismar

Rechtspraxis im Ostseeraum, Band 5

www.eh-verlag.de

Inhalt

I. Einleitung und Hintergründe   1

II. Die einführenden Vorträge   3

  1. Tagungseröffnung: Alexander Rahr   3
  2. Einführungsvortrag von Wolfgang Clement, Bundesminister a.D.,
    Ministerpräsident a.D.   4
  3. Ansprache Staatsminister Dr. Hoyer   7

III. Die Diskussion: 13

  1. Die Einführungsdebatte: Quo vadis, Russia?   13
    1.1 Anlehnung an die Europäische Union oder „Ost-EU"?   13
    1.2 China: der neue Partner Russlands im Osten?   16
    1.3 Die Visa-Frage   17
    1.4 Widerspruch von Menschenrechten und Realpolitik: nicht ein
      neues Problem   18
    1.5 Auflösung der Systemgegensätze   19
  2. Rechtssicherheit in Russland   22
    2.1 Fortschritte im Justizsystem?   22
    2.2 Compliance und Korruption   27
    2.3 Mentalität der Rechtsanwendung   32
    2.4 Zwischenergebnis   34
  3. Ist eine Beratung durch ausländische Experten noch notwendig?   35
    3.1 Kooperation statt Beratung   35
    3.2 Sinn der klassischen Beratung noch immer vorhanden   39
    3.3 Zwischenergebnis   44
  4. Ein Phänomen: die Darstellung Russlands in den Medien und die
    Wahrnehmung Russlands in Deutschland   45
    4.1 Bestandsaufnahme   45
    4.2 Ein neues Image für Russland oder Presse-Bashing?   52
    4.3 Auswirkungen der Berichterstattung   60
    4.4 Zwischenergebnis   63
  5. Mittelstand und wirtschaftliche Entwicklung in Russland   64
    5.1 Situation des Mittelstandes in Russland   64
    5.2 Mittelstand versus Öl, Gas und Staatskooperativen   72
    5.3 Energie: der Machtfaktor Russlands   77
    5.4 Zwischenergebnis   78
  6. Forschung- und Wissenschaft: Skolkovo und Rosnano   80
    6.1 Probleme der staatlichen Wissenschaftsförderung   80
    6.2 Widerspruch zu wissenschaftlichen Großprojekten: „brain drain"   83
    6.3 Zwischenergebnis   83
  7. Wirtschaftspartnerschaft und politische Partnerschaft   84
    7.1 Wirtschaft als Säule politischer Beziehungen?   84
    7.2 Politische Bemühungen um Förderung der Wirtschaftsbeziehungen   87

7.3   Zwischenergebnis   90

8.   Partnerschaft für Modernisierung   90

9.   „Drei-Kräfte-Theorie"   92

10. Schlussbetrachtung   95

IV. Ansprache des Vertreters der Russischen Botschaft, Herrn Professor Alexander Derevjantschenko zur Veranstaltung   **99**

Anhang I: Liste der Teilnehmer der wirtschaftspolitischen Gespräche des Ostinstitutes Wismar am 17. Mai 2011   **101**

Anhang II: Fragenkatalog   **103**

I. Einleitung und Hintergründe

Am 17. Mai 2011 fanden auf Einladung des Ostinstitutes Wismar und der Deutschen Gesellschaft für Auswärtige Politik die ersten wirtschaftspolitischen Gespräche des Ostinstitutes Wismar in Berlin statt.

Geladen waren Experten und Spezialisten aus Wirtschaft, Rechtsanwaltschaft und Politik sowie Wissenschaft, die mit Russland oder den Beziehungen zu Russland befasst sind und vor allem auch über praktische Erfahrungen im Bereich der Wirtschaft und des Rechts in Russland verfügen. Eine Liste der Tagungsteilnehmer findet sich in **Anhang I**.

Auf der Grundlage eines Fragenkataloges, der in **Anhang II** abgedruckt ist, wurden aktuelle Problemstellungen im Hinblick auf die rechtliche, wirtschaftliche und politische Situation in Russland sowie im Verhältnis und in der Darstellung in Deutschland diskutiert. Der Fragenkatalog sollte vor allem dazu dienen, die Diskussion anzuregen und zu strukturieren.

Gerade für Expertenkreise ist auffällig, dass eine starke Diskrepanz zwischen der öffentlichen und politischen Wahrnehmung Russlands in Deutschland und dem Wunsch der deutschen Wirtschaft besteht, Russland als Markt weiter zu erschließen.

Beispiele für diesen teilweise widersprüchlichen Umgang mit Russland finden sich viele: Einerseits begrüßen hohe Wirtschaftsvertreter wie der Deutsche Bank-Chef Josef Ackermann das Angebot von Ministerpräsident Putin, eine Freihandelszone von Vladivostok bis Lissabon anzustreben. Andererseits weist Bundeskanzlerin Angela Merkel noch am selben Tag dieses Ansinnen mit den Worten zurück, es gebe viele Hindernisse, die noch zu überwinden seien. Der Russlandkoordinator der Bundesregierung vertritt zugleich die Ansicht, dass ein derartiger Freihandel Rechtssicherheit, Investitionssicherheit und ein gemeinsames Wertefundament voraussetzten. Diese Kriterien seien nicht erfüllt. Auf der anderen Seite wiederum wurden und werden etwa von den Industrie- und Handelskammern Seminare organisiert, die darauf abzielen, die Investitionsbereitschaft in der Russischen Föderation zu stärken und Russland als Markt aufzuwerten. Demgegenüber häufen sich Vortragsveranstaltungen und Berichte in den Medien, gemäß derer Russland ein Unrechtsstaat sei, der keine gesicherte Grundlage für Investitionen bieten könne.

Dass diese Divergenz nicht nur zu Problemen in den Wirtschaftsbeziehungen, sondern auch in den politischen Beziehungen zu Russland führen kann, ist mittlerweile nicht mehr nur ein Thema in Wirtschaftskreisen; auch das Auswärtige Amt hat zusammen mit dem Justizministerium Anfang Mai 2011 eine „runden Tisch" u. a. zu dieser Frage einberufen. Problematisch ist vor allem, dass eine klare politische Strategie vor dem Hintergrund der medialen Darstellung nur schwer auszumachen ist.

Zu dem folgenden Tagungsbericht sei vorab klargestellt, dass die geäußerten Ansichten der Tagungsteilnehmer nicht mit der Auffassung der Herausgeber oder des Ostinstitutes Wismar oder der Deutschen Gesellschaft für Auswärtige Politik gleichzusetzen sind.

Daher ist auch der überwiegende Teil des folgenden Tagungsberichts in indirekter Rede als Zusammenfassung der Beiträge verfasst. Lediglich die einführenden Vorträge sind in direkter Rede belassen.

Schließlich hat auch keine wissenschaftliche Kontrolle der Aussagen der Tagungsteilnehmer stattgefunden, da die Veranstaltung lediglich ein Meinungsbild entstehen lassen sollte.

II. Die einführenden Vorträge

1. Tagungseröffnung: Alexander Rahr

Dieses Seminar findet zur rechten Zeit statt. Bundespräsident Wulf und Bundesaußenminister Westerwelle haben im vergangenen Jahr Russland eine neue Zusammenarbeit in Rechtsfragen vorgeschlagen. Die Initiative ist in Russland vor allem bei Präsident Medvedev auf großes Interesse gestoßen. Worum geht es im deutsch-russischen Rechtsdialog?

Ziel ist die Unterlegung der anvisierten Modernisierungspartnerschaften mit konkreten Inhalten. Russland hat ein Interesse an einer Integration in den Gesamteuropäischen Rechtsraum und Deutschland kann mit seiner Erfahrung des Aufbaus eines Rechtsstaates in Ostdeutschland nach der Wende Moskau wertvolle Ideen vermitteln. Dieser Rechtsdialog, den wir jetzt seit Oktober letzten Jahres führen, ist keine Sackgasse.

Deutschland spielt sich hier nicht als Lehrmeister gegenüber dem vermeintlichen Schüler Russland auf. Die zu diskutierenden Themen werden von beiden Ländern entsprechend ihren nationalen Bedürfnissen ausgesucht und dieser Rechtsdialog beginnt morgen ganz offiziell mit einem großen Juristenforum in St. Petersburg; dort stehen vor allem Fragen des Wirtschaftsrechts zur Diskussion. Die Rechtsinitiative zielt aber keineswegs nur auf die Juristen beider Länder ab, sondern auf Wirtschaftskreise und die Zivilgesellschaft allgemein.

Es soll ein breiter Dialog werden. Er soll durch regelmäßige Konferenzen und Publikationen in den Gesellschaften beider Länder verankert werden. Die Reaktion ist gut. Unternehmen in Russland und Deutschland begrüßen diese Initiative, denn sie hilft, bestehende Missverständnisse aus dem Weg zu räumen und zusätzlich Vertrauen zu gewinnen, und in Deutschland interessiert sich vor allem der Mittelstand für diesen Dialog, in dem Russland jetzt wirklich Fuß fassen möchte. In Russland ist der Rechtsaustausch mit Deutschland vor allem für auszubildende Juristen hoch attraktiv. Gerade aus den Bereichen der Wirtschaft hört man immer wieder, dass diese Initiative wichtig sei, aber sie hätte auch viel früher kommen müssen. Russland habe in den 90er Jahren zunächst Rechtsnachhilfe von den USA bekommen. Heute wünschte es sich wirklich Deutschland und sein Rechtsmodell als den eigentlichen und wichtigsten Partner auch für Russlands Orientierung nach Westen, nach Europa.

Heute stehen neun Fragen auf der Tagesordnung, die in einer Diskussionsrunde abzuhandeln sind. Jetzt möchte ich sowohl Herrn Dr. Wolfgang Clement als auch Herrn Staatsminister Dr. Hoyer das Wort übergeben.

2. Einführungsvortrag von Wolfgang Clement, Bundesminister a.D., Ministerpräsident a.D.

Meine Damen und Herren, auch ich begrüße Sie sehr herzlich. Ich freue mich, dass Sie an diesem Gespräch heute Vormittag teilnehmen. Ich möchte mich insbesondere bedanken bei Herrn Staatsminister Dr. Hoyer, dass er bereit ist, heute Morgen hier an diesem Gespräch teilzunehmen. Ich danke auch Herrn Rahr sehr herzlich, dass wir mit ihm und dem Berthold-Beitz-Zentrum zusammenarbeiten und dass wir die Gastfreundschaft hier in diesen wunderbaren Räumen genießen dürfen.

Ich begrüße Sie auch sehr herzlich im Namen des Ostinstitutes Wismar, dass in Gänze Institut für Recht, Wirtschaft und Handel im Ostseeraum heißt. Wir wollen uns in besonderer Weise um das Verhältnis zu Russland bemühen. Warum? Dies ist, denke ich, sehr naheliegend. Wir haben auf der einen Seite ein außerordentlich starkes Interesse insbesondere aus der deutschen Wirtschaft an der Zusammenarbeit mit Russland. Über 6.000 deutschen Unternehmen sind dort engagiert. Es gibt ein hohes Interesse an praxisnaher Ausbildung und an Information. Auf der anderen Seite, das kann und muss man sagen, sind auf deutscher Seite etliche Institute und Institutionen, die sich mit diesen Staaten, mit den rechtlichen, wirtschaftlichen und politischen Gegebenheiten in den Staaten des Ostseeraums und insbesondere in Russland beschäftigen, in den letzten Jahren eher „zurückgefahren" worden; ihre Möglichkeiten, auch die finanziellen Möglichkeiten sind eingeschränkt, wenn nicht sogar ganz eingestellt worden. Deshalb hielten und halten wir es für notwendig, ein solches Institut aufzubauen. [1]

Wir – das waren und sind insbesondere Herr Prof. Luchterhandt, der ehemalige Leiter des Institutes für Ostrecht in Hamburg, das ist ferner Herr Dr. Schauff, der. Direktor der Association of European Business in Moskau, das ist Herr Prof. Kiel, der Leiter des Fachbereichs Wirtschaft an der Hochschule Wismar, und das ist Herr Prof. Steininger, neben mir sitzend, der auch gleichzeitig das geschäftsführende Vorstandsmitglied des Institutes ist. Wir haben dieses Institut vor etlichen Monaten, im Dezember 2009 gegründet und dies ist das erste offizielle wirtschaftspolitische Gespräch unseres Institutes.

Das Thema ist Ihnen bekannt: *„Im russischen Spannungsbogen, deutsche Wirtschaft und Politik zwischen Werten und Partnerschaft".*

Man kann ja sagen, meine Damen und Herren, dass es in den letzten Monaten eine Fülle von Ereignissen und Äußerungen gegeben hat, die für die Zusammenarbeit zwischen der Europäische Union, zwischen Deutschland und Russ-

---

[1] Siehe nähere Informationen auf www.ostinstitut.de

land neue Chancen eröffnen könnten. Öffentlich wird das allerdings relativ wenig wahrgenommen.

Die Haltung in Deutschland, die öffentliche und veröffentlichte Meinung in Deutschland gegenüber Russland und gegenüber einer Intensivierung der Beziehung ist doch sehr verhalten. Deshalb denken wir, dass es sinnvoll ist, sich mit diesem Thema vertieft zu beschäftigen, und das ist es, was wir heute tun wollen.

Ich habe schon gesagt, es sind an die 6.000 deutsche Unternehmen, die heute in Russland mit Tochterunternehmen, Niederlassungen oder ähnlichen Einrichtungen direkt tätig sind und dort investieren. Viele weitere Unternehmen aus Russland und aus Deutschland engagieren sich, betreiben hüben und drüben gemeinsam Geschäfte und sie tun dies ganz offensichtlich überwiegend erfolgreich und doch auch mit erheblichen Investitionen, auf deren rechtliche und tatsächliche Sicherheit sie angewiesen sind.

Zugleich existiert eben dieses Bild Russlands in der deutschen Öffentlichkeit, das insbesondere in den Medien eher zurückhaltend, gelegentlich düster ist. Es besteht der Bedarf, so meinen wir, den Gründen dafür nachzugehen, zumal die politischen Beziehungen zwischen unseren Ländern und namentlich zwischen der Europäischen Union und Russland in Anbetracht der globalen Entwicklung an Bedeutung noch gewinnen, aber vielleicht unter den Vorzeichen, die ich hier nur angedeutet habe, womöglich nicht voll zur Wirkung kommen können.

Die Vorbedingungen sind nicht schlecht, sich vertieft mit einigen hier anzusprechenden Fragen zu beschäftigen. Ich erinnere beispielsweise an den November 2010, an den Lissabonner NATO-Gipfel, an dem mit Präsident Medvedev zum ersten Mal ein russischer Präsident teilgenommen hat.[2] Noch vor wenigen Jahren hätte, denke ich, kaum jemand für möglich gehalten, dass so etwas stattfände und dass von einer gemeinsamen Raketenabwehr zwischen Nato und Russland die Rede sein könne. Heute erscheint es jedenfalls nicht aussichtslos, dass eine gemeinsame neue Sicherheitspolitik zwischen der Nato und Russland vereinbart werden könnte.

Ich erinnere beispielsweise auch an den Vorschlag des russischen Energieministers, Herrn Schmatko, der vor einiger Zeit eine permanente europäisch-russische Energieplattform vorgeschlagen hat. Diese Initiative ist ja von EU-Kommissar Herrn Oettinger einigermaßen positiv aufgenommen worden und man darf hoffen, dass sich dieser Gedanke konkretisiert.

---

[2] Zum NATO-Gipfel in Lissabon http://www.auswaertiges-amt.de/DE/Aussenpolitik/ Friedenspolitik/NATO/ 101120-Nato-Gipfel-Lissabon-node.html; Zusammenfassung bei Islam (Rana Deep)/Seifert (Benjamin), Die Zeit v. 19.11.2010, Russland gehört in die NATO.

Ich will auch noch einmal an die Rede von Ministerpräsident Putin erinnern, der wiederum im November 2010 eine harmonische Wirtschaftsgemeinschaft von Lissabon bis Vladiwostok vorgeschlagen hat, die zu einer größeren europäischen, zu einer großen europäisch-russischen Freihandelszone weiterentwickelt werden könnte[3]. Das war übrigens ein Vorschlag, den zunächst einmal der frühere EU-Kommissionspräsident Prodi in die Welt gesetzt hatte. Jetzt sind von westlicher Seite, auch von der Bundeskanzlerin, eher verhaltene Töne auf diesen Vorschlag zu vernehmen gewesen.

Gleichzeitig laufen die Verhandlungen zwischen der Europäischen Union und Russland über einen zweiten Partnerschaftsvertrag. Der erste, der ja nicht sehr wirkungsvoll gewesen ist, ist bereits 2007 ausgelaufen, seit dem hangelt man sich an diesem Vertrag weiter, aber es laufen zugleich wohl etwa 30 Arbeitsgruppen, die sich mit allen möglichen Fragen auf den Gebieten Wirtschaft, Freiheit, Sicherheit, Justiz, äußere Sicherheit sowie Wissenschaft und Bildung beschäftigen. Bisher ist daraus allerdings nichts Konkretes zu erfahren, auch wenn die angesprochenen Gremien offensichtlich permanent tagen, es ist darob wenig wahrzunehmen; dies gilt auch für den parlamentarischen Raum und das ist in Anbetracht der Bedeutung der Entwicklungen ja doch eher kritisch zu beurteilen.

Was sind die Gründe für diese jedenfalls auf unserer Seite in Deutschland und in Europa doch recht zurückhaltende Herangehensweise? Man könnte denken an die Introvertiertheit, die zurzeit ja die Europäische Union insgesamt auszeichnet. Wir scheinen uns verfangen zu haben in der Verschuldungsproblematik von Mitgliedstaaten der Europäischen Union oder auch in der Zuwanderungsproblematik, das heißt, wir beschäftigen uns ununterbrochen mit uns selbst, wenig mit Fragen, die über unseren unmittelbaren Kreis hinaus gehen, weder mit den Beziehungen zur Türkei noch denen zu Russland. Es kann aber auch sein, dass die doch sehr unterschiedlichen Sichtweisen und Einschätzungen gegenüber Russland, die bei uns in Deutschland, aber auch in anderen Mitgliedstaaten der Europäischen Union existieren, die interessierte Öffentlichkeit hindern, sich intensiver und faktenorientierter mit der Entwicklung in Russland zu beschäftigen und damit auch die Beziehungen etwas engagierter zu verfolgen.

Dies alles wollen wir miteinander diskutieren, wobei ich gern klarstellen möchte, dass es natürlich in einer demokratischen Gesellschaft wie der unseren

---

3   Putin schlägt Freihandelszone vor, Kreimeier (Nils), Financial Times Deutschland v. 25.11.2010, Putins Vision ist ein Albtraum.
    http://www.welt.de/politik/ausland/article11204392/Putin-plaediert-fuer-Freihandelszone-mit-der-EU.html

nicht nur nicht falsch, sondern notwendig und wünschenswert ist, dass ein Land eine Situation aus verschiedenen, gegebenenfalls auch einander widerstreitenden Gesichtswinkeln betrachtet. Dies geschieht auch im Blick auf Russland. Dennoch müssen wir wissen, wie wir in Zukunft handeln und weiter vorankommen wollen, und deshalb erscheint es aus meiner Sicht wünschenswert zu ermitteln, welche der unterschiedlichen, teilweise widerstreitenden Betrachtungsweisen der Realität in Russland am meisten entspricht bzw. am nächsten kommt, damit wir einen Maßstab für zukünftiges Handeln zur Hand haben.

Dabei will ich noch einmal auf den Hinweis von Herrn Rahr zurückkommen, dass die teilweise divergierenden Einschätzungen Russlands in Deutschland nicht nur ein Thema sind, das in Wirtschaftskreisen diskutiert wird, sondern das ja auch beispielsweise im Auswärtigen Amt kürzlich an einem „runden Tischen" zu Fragen der Rechtszusammenarbeit mit der Russischen Föderation erörtert wurde. Vor diesem Hintergrund ist die Idee zum heutigen Expertengespräch entstanden, übrigens ist es auch aus Ihrem Kreis an uns herangetragen worden.

Sie sind ja allesamt Menschen, die sich außerordentlich intensiv aus unterschiedlichen Gründen mit der Situation in Russland, mit den dortigen rechtlich, politischen und wirtschaftlichen Gegebenheiten beschäftigen und deshalb freuen wir uns, dass Sie sich mit uns gemeinsam diesem Thema widmen wollen und wir der Lage in Russland vielleicht ein Stückchen näher kommen.

Ich will noch darauf hinweisen, wenn Sie erlauben meine Damen und Herren, dass wir ein Protokoll dieser Veranstaltung anfertigen wollen. Dieses Protokoll der Diskussion wollen wir auch dem Auswärtigen Amt zur Verfügung stellen.

Jetzt bitte ich zunächst Herrn Staatsminister Dr. Hoyer um sein Wort.

3. Ansprache Staatsminister Dr. Hoyer

Vielen Dank Herr Kollege Clement, Herr Prof. Steininger, Herr Rahr, meine Damen und Herren, vielen Dank für die Einladung zu dieser Veranstaltung.

Nebenbei bemerkt: herzlichen Glückwunsch zur Gründung des Institutes. Ich glaube, wir können bei diesem außerordentlich spannenden Thema weiteren akademischen Beistand dringend gebrauchen sowie guten Rat. Glückwunsch auch zu dieser Veranstaltung, die ja genau zum richtigen Zeitpunkt kommt.

Wir versammeln hier heute insbesondere juristischen Sachverstand zu einem Zeitpunkt, in dem wir mit Spannung darauf warten, dass eine Pressekonferenz von Präsident Medvedev einen Ausblick geben dürfte auf das, was in Russland insgesamt aber auch bei einer ganz wichtigen rechtspolitischen Weichenstellung zu erwarten sein könnte. Der morgige Tag könnte dann von großer Bedeutung sein. Haben Sie also vielen Dank für diese Einladung. Die Veranstaltung dürfte also spannend werden.

Der Titel weist schon auf mögliche Divergenzen zwischen Wirtschaft, Politik und öffentlicher Wahrnehmung hin. Aber ich bin dennoch der Überzeugung, dass wir trotz hier und da unterschiedlicher Einschätzung in Einzelfragen doch grundsätzlich in die gleiche Richtung denken. Wirtschaft, Politik, Medien wollen ihren Beitrag leisten, auf Rechtsstaatlichkeit hinzuwirken, das friedliche Miteinander zu fördern, Rechtssicherheit zu stärken und Voraussetzungen zu schaffen, den Wohlstand aller Beteiligten zu mehren. Ich füge hinzu, dass wir aus deutscher Sicht dahin streben, auch unsere Pole-Position, die wir in der wirtschaftlichen Zusammenarbeit mit Russland hatten, vielleicht noch haben, auch zu wahren und hoffentlich wieder auszubauen.

Lassen Sie mich deshalb kurz auf die Wirtschaftsbeziehungen eingehen. Herr Clement hat alle Daten genannt, die über die Verflechtung unserer Volkswirtschaften Auskunft geben, die 6.000 Unternehmen, die aus Deutschland in Russland tätig sind, das beachtliche bilaterale Außenhandelsvolumen, das bereits wieder auf Vor-Krisen-Niveau ist und auch in den ersten Monaten 2011 zweistellige Zuwachsraten aufweist. Wir haben zwar rein wertmäßig unseren Spitzenplatz als Exporteur nach Russland an China abtreten müssen, aber ich denke von der Lieferstruktur bleibt Deutschland doch ein herausragend wichtiger Handelspartner für Russland. Deutsche Maschinen, Anlagen und Technologie werden weiterhin stark nachgefragt und umgekehrt bleibt Russland ein bedeutender Energielieferant für uns.

Der Modernisierungsbedarf ist enorm und deswegen bleibt Russland ein sehr aufnahmefähiger Export und Investitionsmarkt, aber wir sind uns darüber im Klaren, dass die Modernisierung Russlands nicht auf die ökonomischen Dimensionen beschränkt bleiben kann. Auch Politik und Gesellschaft müssen dort einbezogen sein und die Interaktionen oder Interdependenzen sind evident.

Die russische Führung hat erkannt, dass sie vor allem in die Menschen investieren muss, wenn Russland die Herausforderung der Zukunft meistern soll. Sie muss Selbstverantwortung stärken und das Unternehmertum unterstützen. Sie muss den Bürgern Freiräume und Chancengleichheit gewähren. Ein reiner Technologietransfer greift damit zu kurz. Es geht also um politische Rahmenbedingungen und konsequenterweise auch um Werte.

Bisher ist Deutschland Russlands bevorzugter Partner bei der Modernisierung. Das ist ein Ausweis unserer hervorragenden Beziehungen, aber eben auch ein Auftrag die Partnerschaft konstruktiv weiterzuentwickeln. Die umfassende Modernisierung der russischen Gesellschaft liegt natürlich im russischen Interesse, aber eben auch in unserem und deswegen sollten wir Russland dabei beherzt unterstützen. Denn wir brauchen ein zukunftsfähiges und verlässliches Russland als Partner.

Die deutschen Unternehmen, die dort engagiert sind, bringen nicht nur Know-how und Technik aus Deutschland mit, sondern auch Einstellungen und Prinzipien, wie erfolgreiches Wirtschaften funktionieren kann. Beispiel hierfür sind Themen wie „Compliance", welche heute wahrscheinlich auch noch eine Rolle spielen dürften bei Ihrer Tagung.

Wirtschafts- und Wertepartner sind für uns keine Gegensätze. Die Qualität einer Partnerschaft lässt sich eben auch nicht nur in Umsatzzahlen oder Investitionsvolumen beschreiben. Es geht auch um die Frage der Nachhaltigkeit dieser Beziehungen. Grundlage dafür ist ein Einvernehmen darüber, wie wirtschaftliche Beziehungen zwischen Partnern funktionieren und auch wie offene Fragen und Probleme angepackt werden. Rechtsstaatlichkeit ist daher auch entscheidend für das Funktionieren der Wirtschaft, und es wird immer wieder beklagt, der Investitionsstandort Russland leide unter mangelnder Rechtssicherheit. Hier werden wir hier von Ihrer Tagung sicherlich neue Einschätzungen und Auskünfte erhalten. Wir wissen auch, dass Bürokratie und Korruption ein Hemmschuh für die Wirtschaft sind.

Präsident Medvedev bekundete zuletzt in seinen öffentlichen Äußerungen, dass im staatlichen Beschaffungswesen durch Korruption pro Jahr mehr als 25 Milliarden Euro versickern oder verschwinden.

Die Universität St. Petersburg hat eine Untersuchung veröffentlicht, der zur Folge die ausufernde Bürokratie die Waren des täglichen Bedarfs um 15 % steigere und sagt zugleich, die Preise für Immobilien könnten gar um 25-30 % niedriger liegen.

Also hat Präsident Medvedev wohl Recht, wenn er sagt, dass der Rechtsnihilismus in Russland dringend überwunden werden müsse und eine Verbesserung des Investitionsklimas dadurch möglich werden könnte.

Wir haben deshalb bei der Modernisierungspartnerschaft mit Russland vereinbart, nunmehr einen neuen Schwerpunkt bei der Rechtszusammenarbeit zu setzen und wir wollen das in enger Zusammenarbeit der beteiligten russischen und deutschen Ressorts gemeinsam umsetzen. Bereits morgen, das ist angedeutet worden, findet das russisch-deutsche Symposium in St. Petersburg statt. Zielgruppe sind hochrangige Juristen, Regierungsmitglieder, Abgeordnete, Anwälte, Wissenschaftler, Wirtschaftsvertreter, und im Rahmen dieses Symposiums sollen einzelne rechtliche Aspekte des Wirtschaftsaustausches auf Expertenebene vertieft werden.

Wir wollen in Zukunft, in ein- bis zweijährigem Rhythmus derartige Symposien und Folgetreffen zu wechselnden Themen veranstalten. Außerdem wollen wir im Rahmen dieser Initiative die deutsch-russische Juristenausbildung intensivieren. Es geht dabei darum, eine junge Generation von Juristen zu fördern, die mit den Regeln des funktionierenden Rechtsstaates vertraut sind und sich sowohl im russischen als auch im deutschen Recht gut auskennen. An so ausgebildeten Juristen besteht bei Unternehmen sowie bei Kanzleien in Deutschland wie in Russland offensichtlich ein großer, ein wachsender Bedarf.

Rechtsstaatlichkeit und internationales wirtschaftliches Handeln hängen eng miteinander zusammen. Die Kapitalflucht aus Russland – der Nettokapitalabfluss, dies muss man an dieser Stelle betonen – betrug im Quartal 2011 über 21 Milliarden US Dollar, oder auch die Abwanderung russischer Unternehmen, zum Beispiel seit Bestehen der Zollunion nach Kasachstan, sind auch Symptome der Einschätzung von Rechtstaatlichkeit und Rechtssicherheit. Politik und Wirtschaft sollten gemeinsam gegenüber dem russischen Partner klarstellen, dass ein mehr an Rechtsstaatlichkeit im dringenden russischen Interesse liegt.

Da sind noch viele Wege zu beschreiten, auch bei der Durchsetzung von Bürger- und Menschenrechten. Ich möchte nur zwei Beispiele nennen, die zeigen, dass die Einhaltung dieser Rechte nicht nur ein Wert an sich ist, sondern auch unmittelbare Auswirkungen auf die Bereitschaft zur Investition in Russland haben kann.

Investoren haben aufmerksam das Schicksal des Jukos-Konzerns und seines Gründers verfolgt. Ich sehe darin einerseits gravierende rechtsstaatliche Probleme per se. Aber andererseits kann ich mir nicht vorstellen, dass ausländische Investitionen durch das russische Vorgehen ermutigt werden.

Zweitens wirft die prekäre Sicherheitslage im Nordkaukasus nicht nur Fragen der Einhaltung der Menschenrechte auf, sondern gibt auch hinsichtlich der Investitionen für die Olympischen Winterspiele 2014 in Sotschi zu denken.

Russland hat mit einem Antikorruptionsgesetz eines der wichtigsten Problemfelder bereits in Angriff genommen. Auch bei den Verhandlungen zum WTO- und OECD-Beitritt[4] sind in den letzten Monaten entscheidende Schritte nach vorne unternommen worden. Wir unterstützen seitens der Bundesregierung diese Beitrittsprozesse, aber es gilt dabei immer, dass die Beitritte nicht zu Lasten des hohen Standards der genannten Organisationen gehen dürfen.

Die Bundeskanzlerin hat gesagt, bis zur Umsetzung einer Freihandelszone, wie sie Präsident Medvedev und Premierminister Putin von Vladivostok bis Lissa-

---

[4] Russland hat am 16. 12.2011 den Beitritt zur WTO entschieden; siehe dazu Gerald Hosp, Russlands Beitritt in greifbarer Nähe, FAZ vom 15.12.2011; http://de.rian.ru/business/20110610/259413992.html

bon fordern, sei es noch ein weiter Weg. Allerdings schätzen wir das russische Bemühen um die Einbindung in Europa sehr. Russland gehört zweifellos zu Europa, auch wenn es sich manchmal schwertut, dies auch gegenüber sich selber einzugestehen, aber es gibt einige sehr ermutigende Entwicklungen. Herrn Clement hat zu Recht darauf hingewiesen, dass die Europäische Union gegenwärtig ein wenig zu sehr mit sich selber beschäftigt ist, und manches, was in der Europäischen Union geschieht, ist sicherlich auch für Russland beunruhigend.

Wir können nicht übersehen, dass wir einen der größten oder vielleicht den größten Erfolg der europäischen Integrationsgeschichte, nämlich das Eindämmen des Nationalismus auf unserem gebeutelten Kontinent, heutzutage wieder in Gefahr sehen. Die hässliche Fratze des Nationalismus ist in manchen europäischen Staat wieder zu erkennen. Aus der Sicht Russlands, das historisch sehr bewusst ist, muss dies als erschreckende Entwicklung aufgefasst werden. Für uns ist es das natürlich auch. Oder die Frage, ob wir mit großen europäischen Integrationsfortschritten, wie der Personenfreizügigkeit, so ärmlich umgehen wie es bisweilen in der letzten Zeit, in den letzten Tagen und Wochen der Fall ist im Hinblick auf die Aussetzung des Schengen-Regimes. All das ist auch, denke ich, für Russland bedeutsam.

Aber wichtiger noch ist mir das Positive. Wer hätte sich noch vor wenigen Jahren vorstellen können, dass Russland und Polen ihr Verhältnis in einer dramatischen Geschwindigkeit entschärfen, wie das zum Ausdruck gekommen ist in den Begegnungen von Präsident Kaczynski und Premierminister Putin über den Gräbern von Katyn, insbesondere anschließend dann in den Begegnungen der Premierminister Tusk und Putin. Dies hat dazu geführt, dass Russland seine Geschichtsschreibung verändert hat im Hinblick auf den Beginn des Zweiten Weltkriegs. Eine Veränderung in den Geschichtsbüchern, deren Bedeutung wir gar nicht groß genug einschätzen können, ist eine unglaublich ermutigende Entwicklung für das Verhältnis der Europäischen Union zu Russland. Denn wenn das polnisch-russische Verhältnis sich nicht begradigen oder auf eine konstruktive Schiene bringen würde, dann wäre eine Entwicklung des Verhältnisses zwischen der EU und Russland nicht so leicht, wie es jetzt möglicherweise doch erleichtert worden ist.

Wir haben auch eine erhebliche Verbesserung des Verhältnisses Russlands in der praktischen Zusammenarbeit mit den baltischen Staaten zu beobachten. Und wir können eine beachtliche Entwicklung im Hinblick auf den NATO-Gipfel im Dezember 2010 in Lissabon zu konstatieren. Sicherlich sind wir beim Thema Raketenabwehr bei weitem noch nicht da, wo wir hin müssen. Ich hatte vor wenigen Tagen die Gelegenheit mit dem russischen Chef-Unterhändler zu diesem Thema hier in Berlin zu sprechen. Dort liegt sicherlich ein schwerer

Weg vor uns, den wir da beschreiten müssen. Aber wir denken heute zumindest nicht mehr in den Kategorien des Aufbaus einer Raketenabwehr gegeneinander.

In diesem Zusammenhang öffnen wir uns intellektuell zumindest einmal der Vorstellung, dass man eine Raketenabwehr gegenüber Drittrisiken oder Gefahren gemeinsam organisieren könnte und das allein ist schon einmal von der mentalen Disposition her ein phänomenaler Fortschritt. Von daher sehen wir eine Bereitschaft zur konstruktiven Rolle Russlands im euro-atlantischen Raum und dabei ist die Europäische Union ein wichtiger Partner für Russland. Das ist eine große Chance. Nach meiner Einschätzung wollen nicht nur auf deutscher Seite Staat, Wirtschaft und Gesellschaft ein friedliches Miteinander; auch die russische Seite will ihren Beitrag dazu leisten, davon bin ich überzeugt. Und um das genauer auszuloten, haben Sie hier und heute die wunderbare Chance. Nutzen wir sie.

Vielen Dank.

III. Die Diskussion:

1. Die Einführungsdebatte: Quo vadis, Russia?

Herr **Rahr** eröffnete die Debatte, indem er darauf hinwies, dass es zwei unterschiedliche Modernisierungstendenzen in Russland gebe. Beide liefen zwar auf Modernisierung hinaus; es handele sich aber um zwei grundsätzlich verschiedene Trends.

1.1 Anlehnung an die Europäische Union oder „Ost-EU"?

Herr **Rahr** erläuterte, dass **einer dieser Trends** von Präsident Medvedev vorgegeben sei und für **eine Liberalisierung Russlands** stehe, für einen **schnellen Beitritt zur WTO,** für eine **schnelle Zusammenarbeit mit der Europäischen Union,** gar für einen **Assozierungsstatus Russlands.** Auch in Sicherheitsfragen sei Medvedev sehr weit vorgeeilt; so habe er auch eine liberalere Haltung in der Frage der Raketenabwehr.

Auf der anderen Seite existiere jedoch auch noch eine andere politische Linie in Russland. **Herr Rahr** wollte dabei nicht so weit gehen zu sagen, dass diese durch Ministerpräsident Putin verkörpert werde. Aber es gebe Kräfte in Russland, die zunächst **einmal den Aufbau einer Zollunion mit Weißrussland und Kasachstan fördern und die Schaffung eines einheitlichen Wirtschaftsraumes, einer Art „Ost-EU"[5],** wollten. Für westliche Beobachter erscheine dieses Vorhaben sehr negativ bis gespenstisch.

zwei politische Strömungen in Russland feststellbar: die eine vertritt die Hinwendung zum Westen und zur EU, die andere die Schaffung einer „Ost-EU" unter Beteiligung von Kasachstan und Weißrussland

Wenn man jedoch die russischen Quellen sichte und analysiere sowie mit russischen Experten spreche, dann ergebe sich daraus auch eine eigene Logik mit dem Resultat, dass eine Aufnahme in die EU aus der Sicht Russlands realistischerweise unmöglich sei.

---

[5] Zur Zollunion Russland, Weißrussland Kasachstan
http://de.rian.ru/business/20110630/259613364.html
http://www.handelskammer-bremen.ihk24.de/international/Bescheinigungsdienst/ Aktuelles_-_Termine_-_Hinweise/949634/Gruendung_einer_Zollunion_zwischen_ Russland.html.

Daher rühre auch der Ansatz konservativer Kräfte in Russland **zu versuchen, quasi eine „Ost-EU" zu schaffen unter Beteiligung von Kasachstan, Weißrussland und vielleicht gar der Ukraine.** Diese Logik besage auch, dass diese Länder ihre Energiebeziehungen miteinander regeln müssten und dann sozusagen als Block bzw. als gestandene Organisation versuchen sollten, der WTO beizutreten.

Auf diese Weise wäre es dann auch möglich, ein größeres politisches Schwergewicht zu bilden und mit der Europäischen Union ein umfangreicheres und politisch gewichtigeres Assoziierungsabkommen zu unterzeichnen. Dieses Vorhaben würde natürlich längere Zeit in Anspruch nehmen.

Herr Rahr stellte die Frage in den Raum, ob diese zweite von ihm genannte Perspektive Deutschland und dem Westen eher ängstigen solle oder ob man vor diesem Hintergrund mit Energie versuchen müsse, mit einem Russland dieser unterschiedlichen Strömungen zu kooperieren.

Herr Dr. Hoyer nahm hierauf Bezug und meinte, dass die Beantwortung dieser Frage natürlich bei Russland liege. Allerdings müsse man die Entwicklung und dieser unterschiedlichen Strömungen in Russland mit größtem Interesse beobachten.

Je nachdem, welche Linie sich durchsetze, so müsse man von westlicher Seite lernen, damit umzugehen. **Herr Dr. Hoyer** betonte, dass es dabei weniger darauf ankomme, mit welchen Personen diese unterschiedlichen politischen Ausrichtungen verbunden seien.

Herr Dr. Hoyer sagte ferner, dass er sich freute, wenn der Modernisierungsdruck in Russland nicht nachlassen würde, weil er das Gefühl habe, dass die verschiedenen Problemdimensionen, die Russland zu bewältigen habe, keinen allzu langen Aufschub erlaubten. Diese Probleme erstreckten sich vom Problem der Demographie bis hin zu den gigantischen infrastrukturellen Herausforderungen sowie vielen anderen Problemen, mit denen teilweise auch der Westen konfrontiert sei. Aus seiner

Modernisierungsdruck darf nicht nachlassen

Sicht müsse man Russland ermutigen, den einge-
schlagenen Modernisierungskurs konsequent voranzutreiben.

Herr Dr. Hoyer hob ferner hervor, dass er die regionalen Integrationsmodelle in Russland mit größtem Interesse verfolge. Allerdings verhehlte er auch nicht einen
gewaltigen **Schuss Skepsis.** Dieser betreffe nicht nur
die **WTO-Kompatibilität Russlands,** sondern auch die
Frage, ob in Russland das **Bewusstsein bestehe, dass
eine tiefe und notwendige Integration mit einem par-
tiellen Souveränitätsverzicht verbunden sei.** Dies gelte vor allen Dingen im Hinblick auf eine Zollunion oder
auch in Bezug auf eine etwaige „Ost-EU".

*Zweifel, ob der not-
wendige Souveräni-
tätsverzicht Russ-
lands und die Kom-
plexität der Schaf-
fung einer „Ost-EU"
nicht im Wege stehen*

Herr Clement griff noch einmal die These von **Herrn
Rahr** auf, dass es zurzeit **zwei politischen Schulen** im
Hinblick auf die internationale Zusammenarbeit in
Russland gebe, wobei die eine Richtung eine stärkere
Zusammenarbeit mit der Europäischen Union präferie-
re, während die andere die Schaffung einer „Ost-EU" im
Blick habe.

Herr Clement vermutete, dass es wahrscheinlich noch
weitere politische Richtungen in Russland gebe. Auf jeden Fall existierten jedoch auf europäischer Seite ebenfalls vergleichbare Denkschulen im Hinblick auf das
Verhältnis zu Russland. Dies habe schon beinahe Tradition.

Herr Dr. Hoyer wandte ein, dass die Komplexität einer
EU-Konstruktion von denjenigen übersehen werde, die
von einer „Ost-EU" träumten.

Diese Komplexität erschließe sich auch nur für Beobachter der bereits bestehenden Europäischen Union
dadurch, dass man nunmehr jahrzehntelang Zeit gehabt habe, diese zu analysieren. Insofern zeigte sich
Herr Dr. Hoyer gegenüber dem **Modell einer Ost-EU
skeptisch.**

*Komplexität eines
Staatenverbundes wie
der EU wird unter-
schätzt; daher Modell
einer „Ost-EU" eher
unwahrscheinlich*

Allerdings schließe er nicht aus, dass man sich in Russland dennoch dafür entscheide, auch um den Modernisierungsdruck zu reduzieren.

Dann würde auch Deutschland damit umgehen können und müssen. Russland sei und bleibe auch dann ein herausragend wichtiger Partner.

1.2 China: der neue Partner Russlands im Osten?

Herr Clement warf ein, dass man sich auf westlicher Seite Gedanken darüber machen solle, **dass China sich jetzt aktiv in den russischen Energiekomplex einkaufe**. Gerade habe die chinesische Seite Russland darum gebeten, den Ölexport nach China zu verdoppeln.[6] China zahle zwar weniger als Deutschland für diesen Rohstoff, aber es sei bereit, selbst zu investieren und die notwendigen Pipelines zu bauen.

China ist im Handel mit Russland sehr aktiv, insbesondere im Energiebereich

Zwischen China und Russland gebe es keine Visabarrieren, wie sie zwischen der Europäischen Union und Russland existieren. Man höre aus den Kreisen russischer Unternehmer immer wieder Sätze wie die folgenden: *„Wir wollen ja Teil Europas sein, aber es gibt Probleme mit Euch. Wir können auch unserer Energieallianz und Energiepartnerschaft Richtung Asien ausdehnen."*

Hierüber solle man in Deutschland und im Westen insgesamt nachdenken. Es stelle sich die Frage, ob man glücklich darüber sein **könne, wenn Russland sich wesentlich intensiver China zuwende**.

Herr Staatsminister Dr. Hoyer sagte hierzu, dass eine **friedliche Zukunft zwischen Russland und China auch im deutschen Interesse** läge. Umgekehrt meinte er, dass Russland einen großen Fehler mache, wenn es das Verhältnis zu China als Alternative zum Verhältnis zur Europäischen Union sehen würde.

China als ein Ersatz für Europa?

Allerdings sagte **Herr Dr. Hoyer** ebenfalls, dass er nicht an ein solches Verhältnis glaube, **schon angesichts der russischen Psychologie**. In Russland werde das gebraucht in den nächsten Jahrzehnten, was der Westen im Ergebnis doch besser liefern könne als China. Zwar

---

[6] Zur Energiepartnerschaft Russland China, vgl.
http://www.faz.net/aktuell/wirtschaft/china-und-russland-besiegeln-energiepartner schaft-11040795.html

meinte **Herr Dr. Hoyer**, dass man das Verhältnis Russlands zu China interessiert begleiten solle. Allerdings dürfe man auch keine Scheu davor haben, Probleme engagiert anzugehen.

1.3 Die Visa-Frage

In diesem Zusammenhang ging **Herr Dr. Hoyer** auch auf das **offene Visa-Problem** ein. Man sei sich bewusst, dass diese Frage für jeden russischen Bürger, der nach Deutschland oder Westeuropa reisen wolle, ein **tagtägliches Ärgernis** sei.

ständiges Ärgernis: Visa-Frage

Allerdings habe die **Bundeskanzlerin das Thema ja mittlerweile selbst aufgegriffen** in ihren Gesprächen mit Präsident Medvedjev.[7] Sicherlich müsse man versuchen, in dieser Frage in den nächsten Jahren endlich voranzukommen. Allerdings betonte **Herr Dr. Hoyer**, dass der **Ball bei dieser Thematik auch bei Russland selbst** liege. So existierten Berichte deutscher mittelständischer Unternehmen, die in Russland tätig seien, die hinsichtlich Bewegungsfreiheit in Russland und Mobilität negative Erfahrungen gemacht hätten. **Insofern müsse dieses Thema beidseitig angegangen werden.**

Visa-Problematik muss auf höchster politischer Ebene gelöst werden; nicht nur Bewegung Deutschlands, sondern auch Entgegenkommen Russlands erforderlich

Insgesamt sei es sehr unangenehm, dass diese praktischen Fragen der Zusammenarbeit so belastend wirkten, wie es in der Tat der Fall sei. Hier sei man jedoch nicht blind.

---

[7] Vgl. Schuchart, Christine, Archiv des Ost-Ausschusses der Deutschen Wirtschaft, „Merkel will Bremsen in Visa-Frage lösen", 19.07. 2011, http://www.ost-ausschuss.de/merkel-will-bremsen-visa-frage-l-sen

1.4 Widerspruch von Menschenrechten und Realpolitik: nicht ein neues Problem

Im Hinblick auf mögliche Widersprüche zwischen Menschenrechten und Realpolitik erinnerte **Herr Clement** an die Zeit und die Vorgehensweise Willy Brandts als Bundeskanzler wie auch danach.

Auch seinerzeit sei diese Problematik natürlich virulent gewesen. Auch damals habe sich die Frage gestellt, wie **man mit einem Land wie Russland unter den in jener Zeit noch ganz anderen Bedingungen des „Eisernen Vorhanges" umzugehen habe.** Sicherlich habe man unter jenen Bedingungen auch Fehler gemacht. Allerdings habe immer der entspannungspolitische Ansatz mit seinen Bemühungen um Erleichterungen für die Menschen eine entscheidende Rolle gespielt, wenngleich man sich stets auch der Gefahr bewusst gewesen sei, Fragen zu vernachlässigen, die man nicht vernachlässigen dürfe, so die Menschenrechte und die demokratischen Bedingungen in Russland selbst.

Widerspruch zwischen Menschenrechten und Realpolitik im Umgang mit Russland nicht neu, sondern bereits seit der Zeit Willy Brandts virulent

Man habe seinerzeit natürlich nicht die Menschrechte missachtet. Allerdings habe man vielleicht nicht immer aufmerksam genug wahrgenommen, was sich in den einzelnen Ländern des damaligen Ostblocks tatsächlich tat. **Erfrage sich stets seit jener Zeit, wie man angemessen mit dem Thema umgehen könne.**

Einerseits sei er überzeugt, dass eine **Partnerschaft und mehr als eine Partnerschaft zwischen Russland und Europa notwendig sei.** Europa sei im Prozess der Globalisierung geradezu darauf angewiesen. Aber andererseits müsse dies so geschehen, dass eine **Zusammenarbeit mit den eigenen Werten übereinstimme,** womit genau die Fragestellung im Mittelpunkt stehe, die unter anderem im Rahmen dieser Veranstaltung zu diskutieren sei.

Partnerschaft zwischen Russland und Europa notwendig im Zusammenhang mit der Globlasierung, jedoch ohne die eigenen Werte zu vernachlässigen

Herr Clement verwies auf die von **Herrn Dr. Hoyer** angesprochenen Aspekte. Seiner Wahrnehmung nach sei es das erste Mal, dass man unter **beiderlei Blickwinkeln** so offen und klar über Fragen der Rechtssicherheit, der Menschenrechte, der Verlässlichkeit sprechen könne.

Dies sei vielleicht auch ein Ansatz, zu einem greifbaren Ergebnis im Hinblick auf eine zukünftige Strategie im Verhältnis zu Russland zu kommen. Im Übrigen sei nicht außer Acht zu lassen, dass auch innerhalb der Europäischen Union, so in Großbritannien oder Schweden in Bezug auf das Verhältnis zu **Russland ganz andere Auffassungen** als beispielsweise in Italien, Frankreich oder Deutschland bestünden. Auch dies müsse bei einer zukünftigen Strategie Deutschlands gegenüber Russland berücksichtigt werden.

1.5 Auflösung der Systemgegensätze

Herr Rahr nahm den Gedanken von **Herrn Clement** in Bezug auf die Zeit von Willy Brandt und Leonid Breschnew auf.

Er meinte, dass man im Vergleich zu jener Zeit **mittlerweile wesentlich offener in Bezug auf Russland eingestellt sei.** Aber auch umgekehrt könne man am Verhalten des russischen Präsidenten beobachten, dass auch Russland eine offenere Haltung einnehme.

Allerdings unterstrich **Herr Rahr**, dass man eine Veränderung im Denken gegenüber Russland vornehmen müsse. In Zeiten des Kalten Krieges habe man im Westen den Vorzug gehabt, dass man **im Systemwettbewerb** zu denjenigen gehört habe, die Waren geliefert hätten. **Im Westen** habe man sich immer sagen können, dass man zum **erfolgreicheren System** gehöre. Im Gegensatz hierzu seien die autoritären Regime quer durch die Welt eigentlich, wirtschaftlich zumindest, nicht sehr erfolgreich gewesen.

Nunmehr allerdings habe man es mit **autoritären Regimen in dieser Welt zu tun, die wirtschaftlich durchaus erfolgreich seien.** Ein gutes Beispiel hierfür sei China, das den Hunger überwunden habe und insgesamt eine gigantische wirtschaftliche Leistung erbracht habe. Dies habe auch dazu geführt, die Stabilität dieses aus 52 Völkern bestehenden Staates einigermaßen zu gewährleisten und einen Zusammenhalt zu schaffen. Dieser Faktor der Stabilität durch Wirtschaftsleistung rücke nunmehr zunehmend in den Vordergrund.

Herr Rahr meinte, man müsse sich nämlich nunmehr überlegen, wie man mit wirtschaftlich erfolgreichen autoritären Regimen umgehe.

Ein Beispiel für das Problem des Umgangs mit solchen Regimen seien die gerade in **Nordafrika stattfindenden Umwälzungen**. Trotz intensiver Beobachtung von westlicher Seite habe man die **Stimmung in der Bevölkerung offensichtlich vollkommen falsch eingeschätzt**. Das Starren auf wirtschaftliche Stabilität verbunden mit der Anerkennung beispielsweise der Rolle Ägyptens im Nahen Osten gegenüber Israel habe zu einer nicht hinreichenden Wahrnehmung der Gefahren von Stagnation geführt. In Konsequenz habe man nun mehr mit einem erheblichen **Glaubwürdigkeitsproblem in Nordafrika** zu kämpfen.

autoritäre Gesellschaften schwieriger zu beurteilen als zu Zeiten der Sowjetunion

Ein Patentrezept zur Lösung dieses Problems gebe es wohl nicht. Hinweise in Form einer Belehrung bzw. die Annahme der Rolle eines **Oberlehrers seien heutzutage keine probaten Mittel** zum Umgang mit solchen Staaten. Es gebe eigentlich nur die Möglichkeit, dass **der Westen seine eigenen Werte auch tatsächlich glaubwürdig vorlebe**.

Hierin könne bereits die Antwort auf die Frage liegen, wie man mit wirtschaftlich erfolgreichen autoritären Regimen in Zukunft umzugehen habe. Man müsse die eigenen Grundwerte in der Darstellung und Formulierung besser hervorheben und medial darstellen.

Westen darf nicht belehren, sondern muss Werte vorleben

Herr Clement fügte hier noch einen weiteren Aspekt hinzu, der auch bei dem Gespräch im Auswärtigen Amt zur Vorbereitung des Rechtsdialoges eine wesentliche Rolle gespielt habe.

Man **befinde sich eben nicht mehr im krassen Systemgegensatz,** der die Welt in zwei Lager eingeteilt habe, sondern man müsse jetzt sehr viel mehr über konkrete Fragen sprechen, also über Dinge und Realitäten, die Unternehmen und Kanzleien vor Ort in Russland beträfen.

Durch den Wegfall des Systemgegensatzes habe sich das **Verhältnis quasi von der oberen Ebene auf die Arbeitsebene verlagert.** Dies setze natürlich voraus, dass auch das jeweilige Know-how dafür verfügbar sei.

Man müsse nunmehr über ganz spezielle Fragen diskutieren, so etwa Rechtszusammenarbeit und Investitionssicherheit. Beispiele hierfür seien Fragen der rechtlichen **Struktur von Gerichtssystemen oder der gegenseitigen Anerkennung und Vollstreckbarkeit von Urteilen** und Ähnliches.

Wegfall des System-gegensatzes verlagert Verhältnis zwischen Russland und Deutschland auf die Arbeitsebene

Man komme so sehr viel mehr in die technischen Fragen hinein, was natürlich voraussetze, dass auch das Wissen dafür vorhanden sei. Dem **stehe zurzeit leider entgegen, dass auf der Ebene der wissenschaftlichen Einrichtungen,** die sich mit Osteuropa und Russland beschäftigten, die Mittel und Unterstützung seit den Zeiten der Sowjetunion **drastisch zurückgegangen** sei.

Arbeitsebene setzt funktionierende Institutionen voraus

Insofern scheine es ihm, **Herrn Clement,** zum einen wichtig, dass man solche Veranstaltungen durchführe, um den **Prozess der Analyse am Leben zu halten.** Zum andern aber habe er auch die Bitte an die Politik – auch wenn er wisse, dass dies eigentlich Landespolitik sei –, dass man diese Einrichtungen, die sich mit den konkreten Fragen Russlands beschäftigten, unterstütze. Hierbei gebe es **Einrichtungen und Institute,** die sich nicht in erster Linie mit großen Systemvergleichen befassten, sondern **mit konkreten Fragestellungen** wie zum Beispiel, wie das **russische Gesellschaftsrecht** besser strukturiert sein müsste, damit es für Investoren besser handhabbar sei, oder wie Details des **russischen Polizeigesetzes** geändert werden müssten, damit immer wieder vorkommende Willkürmaßnahmen vielleicht alsbald der Vergangenheit angehörten. Ein weiteres Beispiel für eine konkrete Fragestellung sei auch die **Verwaltungsgerichtsbarkeit.**

Institutionen, die Experten für die Arbeitsebene hervorbringen, müssen gefördert werden

Genau dies seien die Fragen, die nun angegangen und sachlich hinterlegt werden müssten, was allerdings immer jemanden voraussetze, **der tatsächlich beide Systeme kenne.** Und deswegen sei es so sehr wichtig, dass diese Einrichtungen tatsächlich unterstützt würden.

Sicherlich sei dies auch eine Geldfrage; allerdings mute schon etwas merkwürdig an, dass in Deutschland sehr wohl **zu randseitigen Themen geforscht werde**, wie etwa über historische Russlandbilder. Auch wenn dies seine Berechtigung haben möge, müsse man die Schwerpunkte in der Forschung verlagern, also zum Beispiel zugunsten des Rechtsvergleichs zwischen Deutschland und Russland. **Allein die alltägliche Praxis der über 6.000 deutschen Unternehmen in Russland gebe genügend Hinweise, dass hier ein echter Forschungsbedarf** bestehe.

Verlagerung der Forschung (insbesondere Ostforschung) notwendig auf praxisrelevante Fragestellungen

Herr Dr. Hoyer sagte, dass er sich dieses Problems der reduzierten Forschung in diesem Bereich nun mehr bewusst geworden sei. Allerdings stehe die Außenkultur- und Wissenschaftspolitik nicht im Fokus seiner Tätigkeit. Als interessant habe er vor allen Dingen empfunden, dass die Zahl der Forschungseinrichtungen mit dem Schwerpunkt Recht und Wirtschaft in Osteuropa sich seit der Zeit der Sowjetunion drastisch reduziert hätte. Er könne dies aus der Beobachtung des Kreises seiner Mitarbeiter bestätigen, welche zumeist in der Zeit der Sowjetunion in Russland studiert hätten.

2. Rechtssicherheit in Russland

2.1 Fortschritte im Justizsystem?

Zunächst äußerte sich **Frau Lorenz** in Bezug auf die Frage, ob das russische Rechtssystem so korrupt sei, wie es immer dargestellt werde.[8] Sie sagte, man müsse hierbei im Hinblick auf die letzten 20 Jahre differenzieren.

Sie und **Frau Galander** seien beide der Auffassung, dass die Urteile russischer Gerichte in Wirtschaftssachen sich in den **letzten 10 Jahren qualitativ entscheidend gebessert hätten.** Ferner seien ihrer Erfahrung nach die russischen Gerichts zumindest in Zivilsachen immer un-

These: Urteile russischer Gerichte in Wirtschaftssachen haben sich in den letzten zehn Jahren qualitativ entscheidend verbessert

---

[8]   Nachmann, Josef/Wienold, Olesya, WIRO 2009, Russische Föderation: Gesetz über die Verhinderung der Korruption, 145 ff. Siehe ferner: http://www.zeit.de/2010/46/Russland-Unternehmer Florian Willershausen, Russlands halbherzige Korruptionsbekämpfung, WiWo vom 07.05.2010.

abhängiger geworden, so dass man immer weniger mit Korruption konfrontiert sei. Früher sei immer klar gewesen, dass man in der 1. Instanz kaum obsiegen werde, weil die Gegenseite, die ja in der Regel russische Unternehmen gewesen seien, Einfluss auf die Entscheidung des Gerichts genommen hätten. Dieses Vorgehen habe man in den vergangenen Jahren nicht mehr beobachten können.

Das **Hauptproblem bestehe vielmehr in der Auseinandersetzung mit Behörden,** weil diese noch immer über eine sehr einseitige und doch recht enge Sichtweise verfügten. Die **gerichtlichen Entscheidungen hätten sich aber auf jeden Fall gebessert.**

im Vergleich zu Gerichten bleiben vor allem die russischen Behörden im Hinblick auf problematisch

Herr Brand sagte, ein Schwerpunkt seiner Kanzlei liege auf der Prozessvertretung und er gebe Frau Lorenz insofern Recht, als **die Qualität der Urteile in Russland auf jeden Fall deutlich besser geworden sei.** Dies sei auch durch die große Justizreform bedingt, durch die Richter auch gehaltsmäßig besser gestellt worden seien. Von deren heutigen Einkommen könne man in den Städten Russlands schon recht gut leben. Dies habe das Land auf jeden Fall vorangebracht.

Herr Brand meinte allerdings, dass er die Aussagen von **Frau Lorenz** im Hinblick auf das Thema Korruption so nicht bestätigen könne.

Natürlich gebe es auch zivilrechtliche Fälle mit unbedeutenden Summen, bei denen klar sei, dass Korruption eigentlich keinen Sinn mache. Sobald es aber um **Wirtschaftsstreitigkeiten gehe, bei denen auch erhebliche Summen im Spiel seien, sei die Anfälligkeit von Richtern sehr hoch** sowie leider auch der sportliche Ehrgeiz vieler russischer Kollegen, die Ergebnisse zu beeinflussen.

relativierende Ansicht: Korruption in Russland immer noch ständige Begleiterscheinung, insbesondere bei Wirtschaftsstreitigkeiten mit hohem Streitwert

Die Prozessanwälte seiner Kanzlei, also russische Advokaten, die ständig vor Gericht aufträten, kämen häufig kopfschüttelnd in die Kanzlei, weil eben da Entscheidungen getroffen worden seien, die eigentlich objektiv hätten nicht getroffen werden dürfen. Das Thema Korruption sei in Russland noch immer immanent und gehöre nach wie vor zum politischen System.

In diesem Zusammenhang sei **eine Wertediskussion erforderlich sowie eine Diskussion über politische Vorbilder.** Die politische Elite kümmere sich grundsätzlich zu wenig um das Gemeinwesen, sondern vielmehr um die eigenen materiellen Interessen. Dies werde insbesondere dann deutlich, wenn man Abgeordnete **der Duma erlebe, die zu einem großen Teil Nebengeschäfte führten.**

Herr Brand äußerte ferner, im Zusammenhang mit **Korruption und Compliance habe man in Russland noch einen sehr langen Weg vor sich,** der auch die Unterstützung der ausländischen Business Community erfordere. So sei auch eine Begleitung von Unternehmen aus Deutschland, die in Russland investieren, notwendig. In der Praxis ergäben sich hier sehr häufig Probleme, vor allem dann, wenn man nicht gut vorbereitet sei. Man müsse **in Russland eine Problemvermeidungsstrategie verfolgen,** wozu vor allen Dingen gute Berater erforderlich seien. Diese jedoch seien für typische Mittelständler in der Regel zu teuer, was dazu verleiten könne, sich auf Abenteuer einzulassen. .

im Hinblick auf Missstände in der Justiz Wertediskussion erforderlich

Notwendigkeit, Probleme im Vorfeld auszuräumen und sich gut vorzubereiten

Insgesamt betonte **Herr Brand, dass Korruption nach wie vor sehr verbreitet sei** und hiergegen nur mit Aussicht auf Erfolg vorgegangen werden könne, wenn es ein Fundament einer an Werten ausgerichteten politischen Kaste vorhanden sei.

Herr Rahr warf in diesem Zusammenhang ein, dass es wichtig sei zu erkennen, **inwieweit sich das Rechtssystem innerhalb der vergangenen zehn Jahre** in Russland gebessert habe und ob sich eine Veränderung unter der Präsidentschaft Medvedevs ergeben habe.

Dieser habe zumindest vermocht, die **Staatsholdings von hohen Regierungsbeamten zu „säubern"** sowie durchzusetzen, dass Regierungsmitglieder nicht mehr an den entscheidenden Stellen der Staatsholdings sitzen dürften. Auch sei es wohl schwieriger geworden, Kinder und Verwandte hoher Regierungsbeamter oder der sonstigen politischen Elite als Entscheidungsträger zu implementieren. Allerdings ergebe sich aus der quasi „rechtlosen" Zeit der 90er Jahre, in welcher Gesetze kaum funktionierten, **immer noch die Mentalität, danach zu streben, nahe Verwandte in bestimmte Positionen zu platzieren.**

grundsätzlich seit den 90er Jahren insgesamt positive Entwicklung des Rechtssystems

Präsident Medvedev sei es **nicht gelungen, Akzente in der Außen- und Wirtschaftspolitik** zu setzen. Allerdings sei er das Problem der Korruption in Gerichten und Verwaltungen aktiv angegangen. Jedoch stelle sich die Frage, inwieweit diese Bemühungen umgesetzt wurden und ob es sich lediglich um eine kurzzeitige Episode handele.

allerdings: Medvedev hat keine Akzente in der Außen- und Wirtschaftspolitik gesetzt, dies gilt auch für die Korruptionsbekämpfung

Der Vertreter der Commerzbank, **Herr Fischer**, sagte, die Äußerungen der Rechtsanwälte gäben die Situation in Russland sehr gut wieder. Es sei **falsch zu sagen, es gebe keinen Fortschritt, es sei jedoch genauso falsch zu sagen, dass man sich nicht mit ganz spezifischen rechtlichen und typisch russischen Problemen schwertue.**

Als Bank sei man durchaus auf den Erfolg bei der Durchsetzung von Rechtsansprüchen in Rechtsfällen angewiesen.

aus Sicht der Bank: Fortschritt beim Thema Rechtssicherheit gegeben; jedoch im täglichen Leben bleiben die Schwierigkeiten im Umgang mit Bürokratie

In der täglichen Wirklichkeit habe man es **weiterhin oft mit sehr borniertem Auffassungen und langwierigen Prozessen in Teilen der Bürokratie** zu tun. Man habe oft den Eindruck, es gehe der Bürokratie nicht um wirtschaftlichen Fortschritt geschweige denn um ein positives Signal gegenüber Investoren.

Es existierten immer noch sehr **große Widersprüche, die das wirtschaftliche Leben und die Aktivitäten der Investoren belasteten.**

Allerdings gebe es definitiv Unterschiede zu früheren Zeiten. Zurzeit operierten **mehr als 6.000 deutsche Unternehmen in Russland**[9] in ganz verschiedener Form: große Unternehmen mit eigenen Produktions-

Große Anzahl deutscher Tochterfirmen

---

[9]   Quelle im Hinblick auf 6000 deutschen Unternehmen: AHK
      http://russland.ahk.de/mitglieder/mitgliederverzeichnis/

stätten, mittlere, kleine mit Investitionen oder Repräsentanzen. Allein dies stelle ja schon einen großen Unterschied zu sowjetischen Zeiten dar, wo man allerhöchstens ein paar Repräsentanzen hatte und der Dialog auf sehr staatstragender Form ablief. Heute sei man sehr viel mehr miteinander verbunden und in vielfältigen Zusammenhängen tätig, was vor allem die Beratung betreffe.

Russland gilt dem deutschen Mittelstand als Investitionsland

Herr Dippe, der als Anwalt fast ausschließlich deutsch-russische Projekte betreut, führte zustimmend aus, dass das **Interesse russischer Investoren an auch deutschen Projekten groß sei.** Allerdings gebe es häufig Probleme, wenn russische Unternehmen größere Investitionen in Deutschland tätigen wollten.

Im Hinblick auf das russische Justizsystem erläuterte **Herr Dippe,** dass es im **Zusammenhang mit Korruption im Justizsystem zwei besondere Aspekte** gebe. Der eine sei ja hier beschrieben worden, nämlich, dass man bisweilen erfahren müsse, dass ein **Richter gekauft** sei. **Ferner sei in letzter Zeit zu beobachten, dass einem Mandanten Unrecht angedichtet werde.** Man trete als Unternehmer in Russland auf und es werde – ohne dass irgendein Gesetzesverstoß begangen wurde – von staatlicher Seite bzw. von den Behörden irgendein **Unrecht erfunden.** Dieses werde dann eingesetzt, um weitere Forderungen erheben zu können.

zwei Arten der Korruption feststellbar: plumpe Bestechung von Justizpersonal oder rechtliches Fehlverhalten wird fälschlicher Weise behauptet und damit Investoren unter Druck gesetzt: Recht als Mittel zur Erpressung

Als aktuelles Beispiel nannte **Herr Dippe** einen deutschen Unternehmer, der nach Russland exportiert habe und nach Russland eingeladen worden sei, um als Zeuge vor Gericht auszusagen, weil der russische Käufer, der in Russland Waren von dem deutschen Unternehmer erworben habe, den Zoll für diese schuldig geblieben sei. Nach **der Landung in Moskau sei der der deutschen Unternehmer sofort verhaftet, die ganze Nacht vernommen und es ein Strafverfahren gegen ihn eröffnet worden, obwohl nach russischem Zollgesetz der Käufer die Pflicht zur Verzollung hat.** Ferner werde dem Unternehmer angedichtet, er habe eine kriminelle Bande gebildet. Nach einer zweijährigen Untersuchungshaft und einer Verurteilung zu weiteren neun Jahren Gefängnis sei der Unternehmer dann im Halbstrafenverfahren nach Deutschland überstellt und hier entlassen worden. Das sei nur ein Beispiel für diese **Andichtung von Unrecht**. Solange solche Strukturen jedoch „von oben" gedeckt seien, solange werde dieses mehr als problematische System weiterbestehen.

„Andichtung" von Unrecht wird „von oben" gedeckt

Herr Brand wandte daraufhin ein, dass solche **Fälle in der Regel nicht ausländische Investoren träfen**; dies sei vielmehr ein innerrussisches Problem. Einen wie von **Herrn Dippe** geschilderten Fall habe er noch nicht erlebt.

Herr Steininger äußerte hierzu, dass ihm solche Probleme der „Andichtung" von Rechtsverstößen auch aus dem gewerblichen Rechtsschutz bekannt seien.[10]

Allerdings habe die Zahl der entsprechenden Verfahren in den vergangenen Jahren deutlich abgenommen.

In den bisherigen Aussagen der Rechtsanwälte zeige sich aber gerade der **Widerspruch der Beurteilung der rechtlichen Lage**: Auf der einen Seite sei wirtschaftliche Zusammenarbeit gewollt sowie, dass Unternehmen in Russland investieren sollten. Dies sei schließlich auch die Lebensgrundlage der Anwälte.

Auf der anderen Seite höre man „Schauergeschichten" wie die von **Herrn Dippe** geschilderte und man sei sich bewusst, dass dort eben schwere Lücken in Bezug auf die Rechtssicherheit existierten. Sicherlich sei eine Beratung in Form einer Zusammenarbeit möglich. Die Frage sei jedoch, wie diese Beratung konkret auszusehen habe.

im Ergebnis: Beurteilung der rechtlichen Situation uneinheitlich bis widersprüchlich; Einigkeit jedoch, dass Verbesserung zu früheren Zeiten im Bereich Wirtschaftsrecht zu erkennen sind

2.2 Compliance und Korruption

Herr Schmitt sagte im Hinblick auf die Rechtssicherheit in Russland, dass es nicht oft geschehe, da er von Mandanten gefragt werde, ob sie wegen mangelnder Rechtssicherheit in Russland investieren sollten oder nicht. Diese Frage stelle sich zumeist gar nicht mehr.

Investitionen in Russland werden nicht mehr in Frage gestellt

---

[10] Steininger, Das russische Zivilgesetzbuch 4. Teil, WiRO 2009, S. 2

Vielmehr wünschten diese Mandanten eine Beratung dahin gehend, ob bzw. wie man **ein Vorhaben am rechtssichersten gestalten könne.**

Denn Rechtssicherheit bedeute **heute zweierlei, nämlich zum einen, wie man sich so aufstellen könne, dass einem in Russland kein Unrecht widerfahre,** wobei man natürlich über Probleme rede, die es natürlich nicht nur in Russland gebe, sondern auch in anderen Ländern der Welt, bisweilen sogar in Deutschland.

Rechtssicherheit bedeutet nicht nur Sicherheit in Russland, sondern auch Rechtssicherheit vor Verfolgung in Deutschland (Stichwort Compliance)

Die **andere Frage,** die zunehmend gestellt werde, sei die, wie man sich verhalten solle, **damit in Deutschland zum Beispiel im Hinblick auf etwaige Korruptionsvorwürfe keine Probleme entstünden.**[11]

Den Mechanismen in Russland seien alle in gleicher Weise ausgesetzt. Wenn man von einem Gerichtsverfahren höre, bei dem **ein Richter die Hand aufhalte, wisse man nicht, wie man reagieren solle. Mitspielen?** Was solle man machen, wenn für die Baugenehmigung ein besonderer Obolus fällig werde?

Korruption in manchen Bereichen erdrückend

So habe Russland nach der bekannten OECD-Studie über die Rechtsverhältnisse im Bereich der Erteilung von Baugenehmigungen einen letzten Platz von allen Ländern der Welt eingenommen.

Wie solle man denn als großes Unternehmen reagieren, das Hunderte von Märkten bedienen muss, und zwar in überschaubarere Zeit, ohne dessen Rechtslage in Deutschland zu gefährden? Diese Frage der **Strafverfolgung in Deutschland** werde immer relevanter und oftmals sei sie nicht eindeutig zu beantworten.

andererseits Frage der Compliance für die Unternehmen mittlerweile entscheidend

Die großen russischen Unternehmen hätten Schiedsvereinbarungen für ihre großen Deals, sie würden ihre Konflikte vor dem High Court in London aus oder vor privaten Schiedsgerichten in London ausfechten. So sei der Streit, ob **BP neben dem lange bestehenden Joint**

Fortschritt in Sachen Rechtssicherheit lässt sich anhand von Fällen belegen

---

[11] Vgl. http://russland.ahk.de/publikationen/inhalt-impuls-2011/compliance/; ferner Nachweise auf die Website von Germany Trade &Invest, http://www.gtai.de/GTAI/Navigation/DE/Trade/maerkte; Wirtschaftskrise verschärft Korruptionsproblematik in Russland, Beitrag 19.10.2009; Bernd Hones.

Venture TNK-BP ein weiteres Joint Venture mit der Firma Rosneft gründen dürfe, von einem Schiedsgericht in London entschieden worden.[12]

Der Schiedsspruch sei ziemlich salomonisch gewesen: Das Gericht habe die Neugründung bejaht, aber nur unter der Voraussetzung, dass der russische Partner zustimme und einen Anspruch auf ein Mitspracherecht erhalte. Insgesamt sei es wahrscheinlich, dass sich Rosneft und BP darauf einigten, im Wesentlichen die Anteile der russischen Investoren zu übernehmen; im Raum stehe ein Preis von etwa die 30 Milliarden Euro. **Interessant sei daran vor allem, dass der Rechtsfortschritt aus dem Ausland nach Russland hineinwirke.**

westlicher Einfluss bei Gerichtsentscheidungen im Wirtschaftsrecht spürbar

Das immer wieder angeführte Exempel Rechtslosigkeit, nach dem der ehemalige Chef von TNK-BP, Rob Dudley, der jetzt übrigens der CEO von BP sei, sozusagen aus dem Land geekelt wurde[13], habe sich insofern in sein Gegenteil gekehrt, da nun klar geworden sei, wie dieses Unternehmen einen Konflikt in Russland mit Mitteln des Rechtsstaates beende, nämlich durch Prozesse und Verhandlungen und mit einer Einigung, die allen etwas bringe. Solche Beispiele gebe es mehrere, wenn auch nicht so prominente.

Insgesamt resümierte **Herr Schmitt**, dass Russland im Vergleich zu anderen BRIC-Staaten[14] im Hinblick **auf Korruption und Rechtslosigkeit, die Russland immer zumeist angelastet würden,** gar nicht so schlecht dastehe.

Russland steht im Hinblick auf die Korruption nicht viel schlechter da, als übrigen BRIC-Staaten

Gerade im Bereich der **Forderungsdurchsetzung** vor russischen Gerichten belege Russland **weltweit unter den sechzig großen Staaten der erwähnten OECD-**

im Bereich der Forderungsdurchsetzung liegt Russland statistisch vorne

---

[12] http://www.manager-magazin.de/unternehmen/energie/0,2828,762862,00.html
Titus Kroder, BP muss Rückschlag bei Russland-Joint-Venture einstecken, Financial Times vom 25.03.2011.
Steiner, Eduard, Chef flieht aus russischem Ölkonzern, Welt-Online 25.07.2008

[13] Siehe hierzu Eduard Steiner, Im Land der harten Geschäftspraktiken, Welt Online vom 24.01.11.

[14] BRICS Staaten: Brasilien, Russland, Indien, China und Südafrika. Diese fünf Staaten, vier von ihnen so genannte Schwellenländer, haben jährliche Zuwachsraten der Wirtschaftsleistung von 5 bis 10 % (zum Vergleich: EU etwa 2 %).

Studie Platz sieben. Deutschland halte Platz eins inne, Japan nur Platz neun.

Herr Schmitt berichtete ferner, dass im Hinblick auf den **Schutz der Investorenrechte Russland denselben Platz innehabe wie Deutschland.** Sicherlich seien Statistiken nicht die einzige Wahrheit, jedoch dürfe man dies auch nicht außer Acht lassen. Neben den Schattenseiten gebe es auch Licht. Als Berater habe man die Pflicht, auch die positiven Seiten zu zeigen. Denn: Wie man den Wald hineinrufe, so schalle es wieder heraus.

Herr Heidemann ergänzte, es sei klar, dass Russland gewisse Probleme, und vor allen Dingen Korruptionsprobleme habe, das sei ganz eindeutig So sage es der russische Präsident wie alle, die im Land tätig seien.

Herr Heidemann führte aus, im Vorfeld der Veranstaltung habe er Kollegen befragt und innerhalb von zwei Stunden habe er eine Liste mit **„Tarifen" für die Käuflichkeit** von Gerichtsentscheidungen auf dem Tisch gehabt.

existiert Kaufpreisliste für Gerichtsentscheidungen?

Ob diese Tabelle der Realität entspreche und man sich tatsächlich danach richten könne, sei eine ganz andere Frage. Aber allein die Tatsache, dass eine solche Tabelle zirkuliere, bedeute, dass Gerichtsentscheidungen ganz offenbar jedenfalls nicht immer fair verliefen.

Trotzdem müsse zugestanden werden, dass es im Verlauf der Jahre **eine Entwicklung in Richtung Rechtssicherheit** gegeben habe. Immerhin habe es Russland geschafft, in den vergangenen 20 Jahren sein gesamtes Rechtssystem auszuwechseln, von null auf neu zu schreiben und trotzdem noch eine gewisse Stabilität zu erhalten. Dass sich solch eine Entwicklung im Justizsystem nicht sofort widerspiegele, sei auch der Zeit geschuldet.

Korruption zwar nicht bestreitbar; dennoch wesentliche Fortschritte vor dem Hintergrund der historischen Entwicklung erkennbar

Herr Heidemann führte ferner aus, man solle nur dann in Russland investieren, wenn man sich dem Markt und den Gegebenheiten gewachsen fühle. Dies bedeute, abschätzen zu können, wie man sich gegenüber den Risiken absichern könne.

Auf jeden Fall sei es frappierend zu sehen, **wie die Ein-schätzungen über Russland und die Verhältnisse in Russland auseinanderfielen** zwischen Unternehmen, die bereits auf dem russischen Markt tätig seien, und solchen, die noch nicht dort seien. **Diejenigen, die dort sind, hätten nämlich in der Regel ein extrem positives Bild.** Dies zeige sich immer wieder in allen möglichen Umfragen.

Einschätzung der Rechtssicherheit Russlands bisweilen völlig uneinheitlich

Dies bedeute, dass es in der Praxis wohl ganz offensichtlich möglich sei, in Russland erfolgreich zuinvestieren.

Es scheine vor allem ein **Wahrnehmungsproblem** zu sein, auch ein Wahrnehmungsproblem in Deutschland.

Wahrnehmungs-problem in der Außendarstellung?

Im Hinblick auf den Umgang mit Korruption verwies **Herr Nitzsche** auf das **Beispiel Georgien**: Hier gebe es in der Tat relativ **positive Erfahrungen im Hinblick auf die Bekämpfung der Korruption.**[15] Sicherlich könne man diese Erfahrungen nicht ohne weiteres auf Russland übertragen, schon da Georgien ein recht kleines Land sei. Dennoch könne man sich eventuell an den in Georgien getroffenen Maßnahmen orientieren, die in den vergangenen Jahren alles daran gesetzt hätten, die Korruption auszumerzen. So habe man vor allem die **Gehälter der Richter und Staatsbeamten erhöht und ihre Positionen insgesamt gegenüber der übrigen Bevölkerung verbessert,** um sie weniger anfällig für Korruption zu machen. **Denn die miserable Bezahlung von staatlichen Beamten sei einer der Hauptursachen für Korruption.**

Bespiel Georgien als Vorbild zur Korruptionsbekämpfung

Der Erfolg dieser Maßnahme sei durchaus wahrnehmbar und werde auch von der Bevölkerung als Fortschritt honoriert, so dass diese Maßnahmen auch allgemeine Akzeptanz fänden.

Sicherlich sei es nicht möglich, derartige Maßnahmen eins zu eins auf Russland anzuwenden, vielleicht jedoch graduell.

---

[15] http://www.georgien-nachrichten.de/index.php?rubrik=aussenpolitik&cmd=n_einzeln &nach_id=18717
CorruptionPerceptions Index 2011, Georgien belegt Platz 64 mit positiver Tendenz.

Das Problem Medvedevs bzw. Russlands sei jedoch, dass sich vergleichbare Maßnahmen nur auf der Ebene der Worte, Verlautbarungen und Programmen abspielten, **es fehle allerdings an einer breiten gesellschaftlichen Bewegung und politischen Parteien, die diese Maßnahmen mittrügen.**

gesellschaftliche Bewegung fehlt, die präsidialen Vorstößenzur Umsetzung verhelfen

Herr Rahr stimmte **Herrn Heidemann** im Hinblick auf das **Wahrnehmungsproblem Russlands** und insbesondere der Justiz vollumfänglich zu.

Rechtssicherheit u. a. ein Wahrnehmungsproblem Russlands

Auch Außenminister Westerwelle habe sich beim Frühlingsfest des Ostausschusses der Deutschen Wirtschaft ähnlich geäußert und habe zum Ausdruck gebracht, dass es **in Russland sehr positive Entwicklungen gebe, über die aber häufig in den deutschen und internationalen Medien nicht berichtet werde,** so dass in der der insgesamt negative Eindruck bestehen bleibe.

Herr Rahr wies dabei auch darauf hin, dass Berichte über Russland bisweilen gut und objektiv seien, dass jedoch heimische Leitartikel oft auffallend negativ ausfielen. Der negative Touch werde womöglich als attraktiv angesehen, um ein Leserinteresse zu wecke.

negative Schlagzeilen über Russland als Absatzhilfe für die Medien

Zur Frage der Bestechlichkeit **von Richtern** meinte **Herr Rahr,** dass diese in der Regel nicht mehr **als 50.000 Rubel im Monat verdienten,** also etwa 1.200 bis 1.300 Euro. Daher scheine es für Manchen unerlässlich, einem **gewissen Nebenverdienst nachzugehen.** Damit sei der Korruption selbstverständlich Tor und Tür geöffnet. Insofern sei es wichtig, dass man die Gehälter der Richter auf einen westeuropäischen Stand bringe.

Bestechlichkeit von Richtern immer noch durch schlechte Bezahlung indiziert

2.3 Mentalität der Rechtsanwendung

Herr Wedde machte deutlich, dass die Bekämpfung der Korruption sowie die Herstellung einer westlichen Standards entsprechenden Rechtsprechung in Russland beinahe einer herkulischen Aufgabe gleichkomme.

Die Verhaftungen von politisch unliebsamen Geschäftsleuten unter abstrusen Vorwürfen sei ja **nicht auf fehlerhaftes Recht, sondern auf Rechtsbeugung** zurückzuführen. Es gehe ja meist um Fälle, bei denen das russi-

es geht nicht um fehlerhaftes Recht, sondern um fehlerhafte Anwendung sche Recht letztlich gebeugt oder zumindest in gelegentlich abenteuerlicher Weise ausgelegt wurde. Das bedeute, das Problem sei nicht das russische Recht als solches, wenngleich auch hier Probleme aufträten, da das russische materielle Recht bisweilen aus verschiedenen Versatzstücken anderer Rechtsordnungen zusammengesetzt sei.

Das Problem sei jedoch vor allem die Umsetzung und die Anwendung. Wer die **Anwendung ändern wolle, der müsse keine Gesetze ändern oder anpassen, sondern vielmehr die Mentalität der Anwendung**. Dies allerdings sei die eigentliche Herkulesaufgabe.

Problem: Mentalität bei der Rechtsanwendung nur schwer zu ändern

Denn es zeigten z. B. Schiedsgerichtsverfahren sehr deutlich, dass man mit vernünftigen Richtern und dem russischen Recht zu **sehr guten Ergebnissen gelangen könne**. Umgekehrt könnten auch noch so gute Gesetze bei schlechten Richtern und fehlerhafter Anwendung keine Wirkung entfalten.

bei richtiger Anwendung führt russisches Recht zu guten Ergebnissen

Diese Aufgabe sei sehr viel schwieriger, als ein Gesetz zu ändern. Da reiche eben kein Federstrich des Gesetzgebers und da reiche es auch nicht, das deutsche GmbH-Gesetz abzuschreiben, sondern man müsse diese **Regelungsstrukturen in die Köpfe „hineinpflanzen"**. Es sei jedoch sehr schwierig, so etwas von heute auf morgen zu bewirken, was in anderen Ländern Jahrhunderte lang gewachsen sei.

Rechtsbewusstsein muss bei Rechtsanwendern entstehen

Herr Steininger wandte im Hinblick auf die Diskussion über die Rechtssicherheit in Russland ein, dass man **noch bei einem „runden Tisch" im Auswärtigen Amt am 2. Mai 2011** darüber gesprochen habe, wie man die Russische Föderation im Hinblick auf die Gesetzgebung unterstützen könne.

So sei teilweise die Auffassung vertreten worden, dass das gerade in Kraft gesetzte Zivilgesetzbuch der Russischen Föderation wiederum überarbeitet werden müsse. Seiner Auffassung nach allerdings sei es wichtiger, an der praktischen Umsetzung der Gesetze zu arbeiten, als diese wieder zu reformieren.

materiell-rechtliche Reformen in Russland weniger notwendig

Im Hinblick auf die übrigen Diskussionsteilnehmer sagte **Herr Steininger**, dass wohl die meisten der Auffassung seien, dass die **theoretische Basis für Rechtssicherheit in Russland weitgehend vorhanden** sei.

Ferner hob **Herr Steininger** in Bezug auf die Rechtssicherheit hervor, dass es wichtig wäre, neben der Visafreiheit auch ein **gegenseitiges Anerkennungs- und Vollstreckungsabkommen** zwischen Deutschland und Russland zu initiieren.

gegenseitiges Anerkennungs- und Vollstreckungsabkommen wünschenswert

2.4 Zwischenergebnis

Weitgehend einhellige Meinung der Experten war es, dass sich gerade im Bereich des Zivilrechts das russische **Recht zumindest in der Theorie während der vergangenen zehn Jahre sehr positiv entwickelt** habe. Aber auch die **Rechtsprechungspraxis habe wesentlich an Qualität gewonnen**, was sich an verschiedenen Beispielen belegen lasse, so etwa bei der Forderungsdurchsetzung. Dies sei insbesondere vor dem Hintergrund des Systemwechsels nach dem Zusammenbruch der Sowjetunion besonders zu honorieren.

Gleichzeitig bestätigten aber einige Teilnehmer, dass auch in der **Justiz bzw. Rechtsprechung Fälle von Korruption noch immer an der Tagesordnung seien**. Ein Konsens über Ausmaß und Folgen der Korruption ergab sich bei den Experten allerdings nicht.

Das Problem sei nicht nur vor dem Hintergrund der Investitionen in Russland selbst gewichtig, sondern auch im Hinblick auf die Tatsache, dass hierdurch dem Investor **Schwierigkeiten in seinem Heimatland** (zum Beispiel Deutschland) entstehen könnten, so vor allem im Rahmen von Compliance-Maßnahmen.

Ein besonderes Problem sei ferner die **Mentalität** und teilweise auch **Inkompetenz bei der Rechtsanwendung in Russland**.

Insgesamt wurde jedoch ein **eher positives Bild der Entwicklung der Rechtssicherheit** – zumindest im Wirtschaftsrecht – in Russland gezeichnet, als es bisweilen in Deutschland bzw. in den Medien dargestellt werde. Die schlechte Darstellung sei teilweise auch auf eine sehr negative Gesamtwahrnehmung Russlands in Deutschland zurückzuführen.

3. Ist eine Beratung durch ausländische Experten noch notwendig?

3.1 Kooperation statt Beratung

Im Hinblick auf die Frage der **Notwendigkeit ausländischer Berater** in Russland ergriff zunächst **Herr Fischer** das Wort. Er vertrat die Ansicht, der Begriff Berater habe einen negativen Beigeschmack unter der Attitüde: *„Ich berate Dich jetzt und Du nimmst das entgegen und Du wirst dann schon in die richtige Richtung gehen".* Aus dieser **Form der durchaus allfälligen Beratungsgeschichte der 90iger Jahre müsse man herauskommen**; dies sei auch nicht, was russische Unternehmen bräuchten.

Form der Beratung wie in den 90er Jahren nicht mehr notwendig und kontraproduktiv; Beratung nur durch Kooperation

Beispielsweise hätten russische Banken sehr klar erkannt, dass die Themen **Basel I, II, III**[16] als neue regulatorische Anforderungen früher oder später auch auf sie einwirken würden. Russische Banken sprächen die Commerzbank und sicher auch andere Banken ganz gezielt an, um über gemeinsame Kooperation einen Wissenstransfer zu gestalten. Insofern gehe es heute weniger um die Frage , ob ausländische Berater wünschenswert seien, sondern vielmehr um die **Institutionalisierung eines vielseitigen und professionellen Dialogs in gemeinsam noch zu findenden Formen,** die dann nicht nur bilateral, sondern mehrseitig ausgestaltet sein könnten und sollten.

Institutionalisierung des professionellen Dialoges notwendig

Die Struktur der **deutsch-russischen strategischen Arbeitsgruppe** könne dafür einen Ansatz bieten. Allerdings reiche es wahrscheinlich nicht, wenn man nur ein, zwei Mal im Jahr zusammenkomme.

In jedem Fall sei die **Nachfrage nach dieser Art von Beratung in Russland vorhanden,** was sicher auch für ein gestiegenes Problembewusstsein in Russland spreche.

Im Hinblick auf die Modernisierung sei im Umfeld von Präsident Medvedev eine Schrift erschienen, die schon als vorgezogenes Wahlprogramm verstanden worden sei. Hiernach gehe es nicht nur um **Wirtschaftsmoder-**

Nachfrage für Beratung vorhanden: neben Wirtschaftsmodernisierung auch Gesellschaftsmodernisierung, Strukturmodernisierung notwendig

---

[16] Eigenkapitalvereinbarungen Basel I: 1988, Basel II: 2006 , Basel III: voraussichtlich 2013
http://www.bundesbank.de/download/volkswirtschaft/mba/2001/200104mba_basel.pdf

nisierung, sondern auch um Struktur- und Gesellschaftsmodernisierung.

Es bleibe aber der Umstand, dass Russland eine zutiefst Rohstoff-geprägte Wirtschaft habe, die **abhängig von der Erdöl- und Erdgasförderung und deren Export** sei. Die russische Wirtschaft sei damit extrem volatil und anfällig, selbst wenn Russland die Krise 2008/2009 ganz gut gemeistert habe. Nach anfänglichen Schwierigkeiten habe eine kluge und weitsichtige Politik unter Einsatz großer Teile der Devisenreserven das Schlimmste vermieden.

Wirtschaft bleibt von Gas- und Ölförderung geprägt

Problematisch an der heutigen russischen Wirtschaft sei auch, dass sie weitaus **weniger Wachstum aufweise und weniger konkurrenzfähig sei als die der anderen BRIC-Staaten**. Manche sagten bereits, man müsse das „R" aus BRIC herausstreichen und durch den Buchstaben eines anderen, wachstumsstärkeren Landes ersetzen.

ist Russland noch „BRICC"-Staaten würdig?

Der Ansatz von Medvedjev sei zukunftsweisend, allerdings stelle sich die Frage, ob dieser Ansatz auch genügend in der russischen Gesellschaft diskutiert werde. Es stelle sich ferner die Frage, ob die **strukturellen Defizite** der russischen Wirtschaft nicht so groß seien, dass **bescheidene Modernisierungsansätze zu kurz** griffen.

Problem des Ausgleichs struktureller Defizite

Herr Rahr äußerte hierzu, dass die russischen Unternehmen eine **Erwartungshaltung an westliche Berater** hätten, der man nicht gerecht werden könne. Aus dem Umfeld Putins erfahre man, dass russische Unternehmen diese Partnerschaften, diese Joint Ventures auch mit Banken nutzten, um im Auslandaktiv zu werden.

westliche Berater werden mittlerweile als Mittel gesehen, um im Ausland aktiv zu werden

Herr Dr. Hoyer habe von einer Kapitalflucht gesprochen; gleichzeitig müsse man jedoch sagen, **dass in den letzten zwei Jahren vier Milliarden US-Dollar russischer Investitionen in Deutschland getätigt worden seien.** Vor zwei Jahren habe die Zahl unter einer Milliarde gelegen.

Das Problem, das im Verhältnis BP und Russneft entstand, sei in erster Linie hausgemacht. Russland habe ja nicht eine westliche Firma zu Grunde richten wollen, sondern man habe BP zwingen wollen, über BP-Strukturen **die Möglichkeit einzuräumen, auch außerhalb Russlands tätig zu werden.** Insofern seien Berater auch als Vermittler sinnvoll.

Man begegne häufig dem Vorwurf, das Liberalisierungspaket der Europäischen Union schade natürlich den russischen Produzenten. So frage man bei GASPROM: *„Wieso sollen wir in Pipelines und in Speicher investieren für unser Gas in eine Infrastruktur, die uns nicht gehört, bei der wir noch nicht einmal Kontrolle haben."*

Plädoyer für einer starke wirtschaftliche Einbindung Russlands außerhalb des Gebietes der Russischen Föderation

Vielleicht solle man hier auch Möglichkeiten in Betracht ziehen, russische Partner in Geschäfte außerhalb Russlands einzubeziehen.

Herr Säcker griff die Frage der Beratung aus der Sicht der Universitäten noch einmal auf.

Als man 1992 beim **Institut für Staat und Recht** in Moskau und dann bei zwei anderen großen Universitäten mit dem Halten von Vorlesungen begonnen habe, sei daraus eine **intensive Zusammenarbeit mit russischen Professoren** entstanden. Zu Beginn habe es nicht einmal eine Vorstellung von Gewaltenteilung gegeben; denn diese habe man weder im Zarenreich und noch im Kommunismus gekannt; die Worte wie Unabhängigkeit der Justiz, Auslegung von Gesetzen oder andere juristische Prinzipien und Verfahren seien unbekannte Dinge gewesen.

zu Beginn der 90er Jahre waren nicht einmal juristische Grundbegriffe klar

Mittlerweile habe sich ein völlig verändertes Bewusstsein eingestellt. Heute sei bei jungen Leuten die Vorstellung von **Gewaltenteilung als Prinzip, als rechtlicher Maßstab** vorhanden. Die Unabhängigkeit der Justiz werde vielleicht noch nicht gelebt, aber sie wird nicht mehr belächelt, wenn man sie ausspricht. Die Vorstellung von Kapitalgesellschaften, die strafrechtlich einem Untreueverbot unterliegen, sei früher unbekannt gewesen. Die entsprechende Norm des russischen Strafrechts sei nicht angewandt worden. Insgesamt seien im wissenschaftlichen Betrieb, auch im Ausbildungsbetrieb deutliche Fortschritte erkennbar. Die Werte würden akzeptiert.

optimistische Einschät-zung: Bewusstseinsänderung durch Beratung hat bereits begonnen

Die Frage der Umsetzung in der Praxis sei eine andere. Die **Versuchung der Korruption** spiele im praktischen Leben eine **schreckliche Rolle, weil zum Teil die Gehälter sehr niedrig seien,** obwohl auch auf diesem Gebiet eine deutliche Besserung geschehen sei.

Das Stichwort **Beratung sei inzwischen in Russland verpönt,** zumal im Wissenschaftsbetrieb. Vielmehr sei es in der Praxis geboten, immer von **deutsch-russischer rechtlicher Zusammenarbeit** zu sprechen, da dies eine Gleichberechtigung impliziere. Es finde dann auch ein intensiver Austausch statt. Auf jeden Fall habe sich das **Niveau der jüngeren russischen Professoren drastisch verbessert.**

Beratung der früheren Jahre ist mittlerweile verpönt; im wissenschaftlichen Bereich wurde Beratung durch Zusammenarbeit ersetzt

Vor 15 Jahren seien diese quasi ohne jede rechtliche Ausbildung gewesen. Man habe damals so getan, als hätte man einen Gesetzestext lesen können, konnte jedoch in Wirklichkeit nichts damit anfangen. Heute sei das Denken deutlich verbessert, was sich auch in der Gesamtbevölkerung bemerklich macht.

Es sei aber wichtig, klarzumachen, dass man durch **Beratung eine Perspektive auf das Jahr 2040/2050 bieten** könne. Viel früher würden sich bestimmte Systemfehler sich nicht ausgleichen lassen. Dabei seien nicht nur auf juristischer Ebene Verbesserungen erforderlich. So gebe es auch gewisse Strukturunterschiede, die immer wieder auffielen. In Russland habe man ein **völlig anderes Verständnis von Vertragstreue;** wenn etwa der **Staat eingreife, könne er fast jeden Vertrag auflösen.**

So sei ein **verbessertes Verständnis von Vertragsrecht auf russischer Seite erforderlich,** insbesondere, dass staatliche Stellen nicht aus Gründen des **Gemeinwohles jeden Vertrag einfach auflösen** könne. Auf diesem Gebiet sei rechtliche Zusammenarbeit äußerst wichtig.

„pacta sunt servanda" – auch wenn das Gemeinwohl entgegensteht

Im Hinblick auf die Beratung solle man die **deutsch-russische Geschichte** nicht außer Acht lassen. Gerade an der Lomonossow Universität in Moskau sei man noch Stolz auf Zusammenarbeit mit deutschen Professoren. Eine Hilfestellung in Form von Zusammenarbeit sei wei-

deutsche Beratung in Russland hat Tradition

terhin notwendig, nicht aber eine Beratung, die den zu
beratenden als unmündig erscheinen lässt.

3.2 Sinn der klassischen Beratung noch immer vorhanden

Herr Phillip Iza-Schilling stimmte seinem Vorredner zu.
Er glaube, dass die Rechtsberatungsprojekte bzw. die
Projekte der internationalen rechtlichen Zusammenarbeit der GIZ oder IRZ[17] nicht überflüssig seien. Die **Er-**
folge im Bereich rechtsstaatlicher Entwicklung seien
vielleicht in Geldwert nicht messbar, jedoch von großem Gewicht für die Gesellschaft Russlands insgesamt.

Rechtsberatungs-
projekte nicht über-
flüssig

Man solle doch die **Verbindung zwischen Wirtschaft**
und Rechtsstaatlichkeit suchen. Wirtschaftsrecht habe
ja auch etwas mit Liberalismus zu tun, mit liberalen Vor-
stellungen eines freien Wirtschaftsverkehrs.

Der **Deutsche Richterbund** habe sich auch im Rahmen
des Bündnisses für das deutsche Recht zusammen mit
der Bundesrechtsanwaltskammer und dem deutschen
Anwaltsverein, der Bundesnotarkammer und dem deutschen Notarverein zu einem **Bündnis zusammenge-**
schlossen, um für den Rechtsstandort Deutschland zu
werben, und zwar spezialisiert auch auf den Bereich Justiz aber auch Wirtschaftsrecht.

Interessanterweise sei die jüngste Broschüre in Zusammenarbeit mit den französischen Justizvertretern entstanden; diese vermittelten die Broschüre bereits nach
Russland, während die Deutschen sich da ein bisschen
zurückhaltender zeigen. Als Deutscher Richterbund habe man keine wirtschaftlichen Interessen, wie etwa
Rechtsanwälte die durch eine Broschüre darauf abziel-
ten, noch erfolgreicher in Russland tätig zu sein; für
Richter sei dies ja keine Motivation aufgrund ihrer festen
Besoldung.

Also sollten bei der Fortbildung **junger russischer Juris-**
ten nicht nur Rechtsanwälte, sondern auch die Justiz

Einbindung der
deutschen Justiz in
Juristenfortildung
in Russland

---

[17]   GIZ: Deutsche Gesellschaft für Internationale Zusammenarbeit; IRZ Deutsche Stiftung
für internationale rechtliche Zusammenarbeit.

mit eingebunden werden; Justiz und Wissenschaft seien hier unabdingbar.

Man dürfe auch nicht vergessen, dass deutsches und russisches Recht beide kontinentale Rechtsstrukturen vom Ursprung her seien und daher von der **Systematik mehr verbunden sei, als möglicherweise Russland und die USA.**

Hier müsse man bei der Beratung ansetzen und eine „Pole-Position" annehmen. Es gehe doch darum, **gemeinsame Rechtstradition aufzugreifen.** Es sei verwunderlich, dass dies bei dem „Runden Tisch" am 2. Mai 2011 im Auswärtigen Amt kein Thema gewesen sei.

deutsches Recht mit russischen Rechtsstrukturen mehr verbunden, als mit anglo-amerikanischen; Deutschland in einer guten Ausgangsposition

Das **Problem liege auch in der Koordination der Rechtsberatung** in Deutschland. Die vielen verschiedenen Projekte, die jede Institution für sich so betreibe, würden nicht zusammengeführt werden zu einem Gesamtbild, so dass man tatsächlich mit einem gemeinsamen Konzept dann auf die russische Seite zu gehen und Rechtsdialog auf Augenhöhe führen könne. Hierin bestehe das schwerwiegendste Problem auf der Ebene der Koordinierung. Eine wesentlich bessere Abstimmung zwischen den verschiedenen Organisationen sei erforderlich.

Problem: Koordination der Rechtsberatung; zu viele, nicht auf einander abgestimmte Rechtsberatungsprojekte

Herr Steininger stimmte dem zu, dass es bereits schwerfalle, einen **Überblick über die verschiedenen deutschen Organisationen zu gewinnen,** die sich im Bereich der Osteuropakunde und entsprechenden Beratung betätigten.

Zu nennen seien etwa die Deutsche Gesellschaft für Osteuropakunde, die Vereinigung für deutsch-russisches Wirtschaftsrecht, das Ostinstitut Wismar, dann das Kieler deutsch-russische juristische Institut oder das Institut in Regensburg, ferner ein Institut in Münster. [18]

Institutionen, die Beratung durchführen, nur schwer zu koordinieren

Jedes dieser Institute hege allerdings seine eigenen Interessen, die schwierig zu koordinieren seien.

---

[18] http://www.dgo-online.org/; http://www.vdrw.de/; http://www.ostinstitut.de/; http://www.uni-kiel.de/eastlaw/cgi-bin/cms/front_content.php?idart=99; http://www.osteuropa-institut.de/

Herrn Schmitt ging im Hinblick auf die Beratung noch einmal auf die Äußerungen von **Herrn Säcker** ein, dass Fortschritte erkennbar seien.

Aber die Dinge kosteten eben Zeit und dies sei nicht nur eine Frage technischer Reformen und Zusammenarbeit sowie Beratung oder gemeinsamer Aktivitäten. Nach Meinung von **Herrn Schmitt komme Beratung als solche kommt nicht mehr gut an.**

nochmals: Beratung muss durch Kooperation abgelöst werden

Manches wüsste die russische Seite sehr gut selbst, manches sogar besser als in Westeuropa. Es sei sicher zum Teil einfach der Generationenlauf, der eine Veränderung herbeiführen könne. Es müssten neue **Leute nachkommen, die nicht mehr vom alten Denken geprägt seien.**

Interessant zu beobachten sei auch, dass ein Fortschritt in der Rechtsfortbildung nicht nur aus Russland heraus entstehen, nicht nur aus der Kooperation zwischen Organisationen, sondern auch **dadurch, dass russische Investoren schon seit Anfang der 90er Jahre sich entschieden hätten, ihre Rechtsstreitigkeiten außerhalb Russlands** zu verlegen.

russische Investoren verlegen ihre Rechtsstreitigkeiten ins Ausland; dadurch Rechtsfortbildung

Herr Heidemann meinte, man solle die **Wirkung westlicher Berater nicht unterschätzen,** die vor allem bei der Transparenz bei Gerichtsentscheidungen beigetragen hätten.

dennoch: westliche Beratung hat zu einem wesentlichen Fortschritt geführt, so insbesondere im Hinblick auf die Transparenz der Rechtsprechung

Zur Zeit seiner Promotion sei es unmöglich gewesen, Quellen und Rechtstexte in gedruckter Form zu erhalten, weder gerichtliche Entscheidungen, noch Gesetze. **Heute könne man im Internet Entscheidungen der Arbitragegerichte abrufen, was dazu führe, dass man sich natürlich ein Bild davon machen könne,** ob diese Entscheidungen nun richtig oder zumindest lege artis gefällt seien. Diese Fortschritte seien wirklich enorm, wozu westliche Berater auch erkennbar sehr viel Positives beigetragen hätten.

Herrn Heidemann stimmte **Herrn Schmitt** zu, dass es abwegig sei, wenn man heute der russischen Regierung anböte, man wolle bei einem Gesetzesprojekt beraten. Diese Zeiten seien vorbei. Das GmbH-Gesetz in Russ-

Zeiten der Regierungsberatung vorbei

land sei eigentlich ein deutsches Gesetz, ein **segensreicher Raubzug der Rechtsgeschichte**. Heute solle vor allem auf der Ebene der Universitäten Fortbildung betrieben werden.

Auch **Herr Wedde** äußerte sich ebenfalls zum Thema der Beratung.

Im Hinblick auf die schon im Rahmen der Rechtssicherheit angesprochene Mentalität der Anwendung von Recht meinte **Herr Wedde,** dass die Implementierung dieses Gedankengutes auch nicht in Form einfacher Beratung geschehen könne, sondern sich vielmehr über Jahre hinweg in der Mentalität des Denkens verankern müsse. Was jetzt gebraucht werde, sei daher **weniger eine Beratung im Gesetzgebungsverfahren**, sondern **bei der Anwendung und den Umgang mit Recht.**

Keine Gesetzgebungsberatung, sondern Anwendungsberatung

Dabei könnte die **Beratung eigentlich nur noch in Form eines Austausches** geschehen, und zwar eines Austausches auf studentischer, auf wissenschaftlicher und auf praktischer Ebene. Es sei hilfreicher, einen Unternehmensvertreter ein halbes Jahr nach Deutschland in Form eines Austausches zu schicken, als diesen zu schulen. Nur dies könne auf die Dauer zu einer Änderung der Mentalität führen.

Beratung nur in Form von Austausch und Kooperation

Herr Wedde bekräftigte auch noch einmal die bereits geäußerten Meinungen, dass ein **Dialog mit der russischen Seite geführt werden müsse.** Eine einfache Beratung werde von der russischen Seite auch nicht mehr akzeptiert; diese sei wesentlich selbstbewusster geworden in den vergangenen Jahren. So werde man von russischer Seite etwa beim Thema **Pressefreiheit keine Selbstzerknirschung mehr zeigen, sondern vielmehr die Kritik aus Deutschland nicht mehr annehmen.** Allerdings gebe es Themen, bei denen die russische Seite sicherlich aufnahmebereit sei. Hierzu gehöre sicher auch der Bereich der Justiz und Umsetzung von Gesetzen.

Umstellung in der Beratung insofern notwendig, da russische Seite sehr viel selbstbewusster geworden sei; Kritik wird nicht mehr ohne weiteres angenommen

Herr Wedde unterstrich ferner, dass man einen Dialog mit der russischen Seite führen solle, bei dem man sich darüber im Klaren sei, über welche Themen man mit der russischen Seite relativ problemlos diskutieren könne und an welcher Stelle dies nicht mehr möglich sei. **Man müsse immer sensibilisierende Fragen stellen wie etwa: Lohnt es sich wahrscheinlich nicht oder es lohnt sich doch?** Ist das gefährlich?Es verspreche kaum einen Ertrag, wenn man ein Symposium mit der russischen Seite organisiere, um sich über die **Frage der Pressefreiheit** auszutauschen.

Man dürfe nicht vergessen, dass die russische Seite mittlerweile deutlich selbstbewusster sei. Da werde nicht mehr wie in der Vergangenheit in Selbstzerknirschung Asche aufs Haupt gestreut. Vielmehr sage man von russischer Seite, dass man einen bestimmten Vorschlag nicht akzeptiere oder die **Kritik aus dem Ausland einfach nicht annehme.** Es gebe aber sehr viel mehr Themen, vor allen Dingen auf der technischen Ebene und Detailebene, bei denen die russische Seite gern bereit sei, Informationen aufzunehmen.

Sensibilisierung des Dialogs notwendig; Gefahr in Stereotypen zu enden

Als Beispiel nannte **Herr Wedde** eine Diskussion zwischen russischen und deutschen Juristen über die Funktionsweise des Anfechtungsgesetzes in Deutschland und Russland. Hier sei man gewillt gewesen, gegenseitig Informationen aufzunehmen.

Ziel müsse also insgesamt sein, Themen zu identifizieren, bei denen man konstruktiv miteinander diskutieren könne. Hier sei das **Wirtschaftsrecht besser geeignet** als zum Beispiel das Thema der Menschenrechte. Auch im Verwaltungsrecht, Stichwort Baugenehmigungen, könne man mit den russischen Partnern sehr viel **konstruktiver diskutieren, als wenn man ständig den Jukos-Fall auf die Fahne schreibt, so schlimm der im Einzelnen vielleicht** auch sei. Insofern müsse man eine andere Beratungstaktik einführen, der ein offener Dialog zu Grunde liege und nicht immer den erhobenen Zeigefinger der Menschenrechtsproblematik hervorhebe.

Dialog hängt von einer geschickten Themenauswahl ab; Diskussionen nur um Jukos und Chodorkovski enden in Sackgasse; über das Wirtschaftsrecht kann wieder in eine konstruktive Diskussion zustande kommen

Tanja Gallander stimmte den Ausführungen von **Herrn Wedde** zu. Auch sie meinte, dass man heutzutage nicht mehr über Beratung, sondern vielmehr über **Rechtskooperationen, Austausch oder Dialog** sprechen müsse.

Nur dann zeige man auch, dass man die russische Seite als **gleichberechtigten Partner** wahrnehme. Im Übrigen sei dies keine Einbahnstraße: Man könne schließlich auch einmal darüber **nachdenken, welche positiven Aspekte der russischen Rechtsentwicklung auf unser Rechtssystem** übertragen werden könnten.

Gleichberechtigung im Zusammenhang mit Beratung; Beratung darf keine Einbahnstraße sein, vielmehr Rechtskooperation, Austausch und Dialog

Herr Richter als Vertreter eines Klinikunternehmens, das sich vor allem zum Ziel gesetzt hat, staatliche russischen Kliniken im Rahmen von **PPP-Projekten** wirtschaftlicher zu gestalten, äußerte, dass er mit diesem Vorhaben 2005 auch im Hinblick auf die mangelnde Rechtssicherheit in Russland noch belächelt worden sei.

Sechs Jahre später allerdings trage das Projekt jedoch gegen alle Vorhersagen Früchte, was vor allem vor dem Hintergrund einer westlich geprägten Regelungsstruktur (PPP-Projekt) erstaunlich sei.

Allerdings seien vor allen Dingen immer noch kompetente westliche Berater notwendig, die jedoch **nicht mit dem erhobenen Zeigefinger,** sondern mit Einfühlungsvermögen und Erfahrungen – zum Beispiel vor dem Hintergrund der untergegangenen DDR – ihre Beratungsleistungen erbrächten. Notwendig sei in diesem Zusammenhang auch eine wachsende Europäisierung Russlands.

Beratung in komplexen wirtschaftlichen Fragen immer noch notwendig

3.3 Zwischenergebnis

Im Hinblick auf Beratung waren sich die alle Experten einig, dass diese **nicht mehr in der Form eines „Schüler-Lehrer Verhältnisses" wie in den 90er Jahren stattfinden** dürfe, sondern **vielmehr durch Kooperation.** Außerdem wählten sich die russischen Unternehmen im Zweifel ihre Berater selbst aus und würden sich auch mit spezifischen Fragestellungen an diese wenden. Wichtig sei es auch, dass die Beratung auf gleicher Augenhöhe stattfinden und **nicht als Einbahnstraße** erscheinen dürfe.

Weitgehend einig war man sich auch darüber, dass die Beratung auf **Regierungsebene durch im internationalen Bereich tätigen Organisationen (z. B. IRZ, GIZ etc.) im Hinblick auf Russland kaum mehr möglich sei.** Wenn überhaupt, so sei Beratung vor allem auf der Arbeitsebene von Unternehmen und der Wirtschaft allgemein angebracht.

Auch seien die russischen Unternehmen deutlich kenntnisreicher und selbstbewusster. Eine Möglichkeit, Beratung der neuen Form zu bewerkstelligen, sei vor allen Dingen die **Organisationen von Austauschen zwischen Deutschland und Russland auf wissenschaftlicher und unternehmerischer Ebene, aber auch auf der Ebene der Justiz**. Dies müsse intensiviert werden. Hierbei müsse es vor allen Dingen um die Beratung bei der Rechtsanwendung gehen. Es wurde sogar die Auffassung vertreten, dass die bisherige Beratung in Ansätzen zu einem Umdenken geführt habe.

Teilweise wurde aber auch die Ansicht vertreten, dass die klassische Beratung nicht sinnlos sei, wenn es um die **Schaffung vertiefter theoretischer Grundlangen** gehe. Vielmehr habe diese im zum Beispiel im Bereich der Justizfortbildung immer noch eine Berechtigung.

Auch dürfe die Wirkung der bisher erbrachten Beratungsleistungen nicht unterschätzt werden. Man könne dies gar an Urteilen aus der Praxis der Gerichte nachvollziehen, die nunmehr transparenter dargeboten würden.

Hervorgehoben wurde auch das Problem der **fehlenden Koordination der Beratungs- und Ostforschungs-Organisationen** auf deutscher Seite.

4. Ein Phänomen: die Darstellung Russlands in den Medien und die Wahrnehmung Russlands in Deutschland

4.1 Bestandsaufnahme

Herr Steininger leitete auf das Thema der medialen Darstellung Russlands in den deutschen Medien über. Es sei zu überlegen, ob und gegebenenfalls wie man auch auf **medialer Ebene ein ausgewogenes Verhältnis zu Russland schaffen könne**. Schon aus eigenem Interesse sei es notwendig ein Land wie Russland nicht ständig medial vorzuführen. Es sei nicht Sinn und Zweck der Veranstaltung, die Medien zu gängeln; dies sei weder rechtlich möglich noch wünschenswert. Fraglich allerdings sei, wie man eine **ausgewogene Darstellung Russlands bewerkstelligen** könne.

Problem: fehlt es an einer ausgewogenen Darstellung Russlands?

Frau Galander griff das Thema der Darstellung Russlands in den westlichen Medien auf.

Sie meinte im Hinblick auf die negative Berichterstattung in deutschen Medien, dass es offensichtlich in Deutschland **eine tiefer verwurzelte Abneigung oder**

Abwehr gegenüber Osteuropa und Russland gebe, als die sich selbst habe vorstellen können.

Sie gab zu bedenken, ob dieser **Grundkonsens der Ablehnung aus der Gründung der Bundesrepublik Deutschland resultiere,** nämlich aus dem Bedürfnis, sich abzugrenzen gegenüber Osteuropa und Russland. Man müsse darüber nachdenken, ob dieser Grundkonsens denn tatsächlich heute auch noch bestehe bzw. bestehen bleiben solle.

These: negative Darstellung resultiert aus der Abgrenzung der ehemaligen Bundesrepublik gegenüber Osteuropa

In Deutschland müsse reflektiert werden, ob man sich von diesem Grundkonsens nicht flächendeckend, d. h. auch politisch, verabschieden müsse und sich **Osteuropa gegenüber öffnen sollte.** Dann könne man auch auf einer ganzen anderen Ebene partnerschaftlich über viele Dinge diskutieren. Die würde das auch zu einer **Verbesserung des gesamten Russlandbildes** führen.

negative Einstellung beeinflusst auch die Wirtschaftsbeziehungen

Die **problematische Einstellung gegenüber Russland zeige sich auch auf wirtschaftlicher Ebene. Frau Galander,** deren Kanzlei viele russische Investoren in Deutschland vertritt, führte aus, dass sich die Vorbehalte gegen Russland auch auf praktischer Ebene zeigten. So könne es bisweilen 6-8 Monate dauern, um einen russischen Investor und **seinen Mitarbeitern eine Aufenthaltsgenehmigung für wirtschaftliche Tätigkeit verschaffen.** Ferner müsse man dem russischen Investor dann erklären, dass er für die von ihm gegründete GmbH abweichend von den gesetzlichen Regelungen das Stammkapital sofort und vollständig einzuzahlen habe, da dies von deutschen Richtern so gefordert werde.

Vorbehalte zeigen sich in der Praxis: Beispiel Visaerteilung und Aufenthaltsgenehmigung

Wenn man dann auch noch versuche, einen russischen Geschäftsführer nach Deutschland zu entsenden, könne man dem russischen Investor nicht einmal sagen, ob das Schengen-Visum ausreiche, da die deutschen Gerichte hier vollständig unterschiedliche Auffassungen vertreten. Wenn man sich diese Probleme vergegenwärtige, wisse man bisweilen nicht ob man von Deutschland oder von Russland spreche.

Benachteiligung russischer Investoren bei Investitionsvorhaben

Rechtsunsicherheit gegenüber russischen Investoren bei der Visaerteilung

Insgesamt meinte **Frau Galander,** dass man sich mit **direkten Vergleichen zwischen Russland und Deutsch-**

land zurückhalten solle. Der Vergleich etwa *„bei uns ist das so, bei euch ist es anders und damit falsch"* führe nicht weiter, sondern vielmehr weg von einer echten Kooperation und Diskussion.

Frau Lorenz ging ebenfalls auf die Frage ein, warum die **Medien in Deutschland so negativ über Russland** berichteten. Schon alleine die Aussage, in Russland gebe es „auch" eine positive Entwicklung, impliziere die Intention, in Russland sei grundsätzlich alles schlecht, es gebe ausnahmsweise aber auch manchmal etwas Positives zu berichten. Alleine solche Aussagen seien kontraproduktiv und träfen nicht den Kern.

Frau Lorenz nahm Bezug auf **Herrn Heidemann** und **Herrn Wedde** und unterstrich dabei, dass Russland im Hinblick auf das materielle Recht in den letzten 20 Jahren etwas geleistet habe, vor dem man den Hut ziehe müsse.

Es **bestehe heute ein russisches Recht**, das modern und komplex geregelt ist. Ferner habe **Frau Galander** ja bereits ausgeführt, dass sich der deutsche Steuerzahler freuen würde, wenn in Deutschland ein dem russischen Steuergesetzbuch entsprechendes Regelungswerk existiere. Gerade das russische Steuergesetzbuch sei von seiner theoretischen Grundstruktur **eine sehr gute und komplexe Regelung**, welche viel übersichtlicher und damit transparenter sei, als in Deutschland.

Frau Lorenz gab **Herrn Wedde** im Hinblick auf die Ausführungen zur **Mentalität** Recht. Die andere Mentalität in Russland impliziere auch ein anderes Rechtsbewusstsein. In Deutschland herrsche ein sehr großes Rechtsbewusstsein, allerdings müsse man davor warnen, dieses als Maßstab einzusetzen. Auch in anderen europäischen Ländern gebe es ein anderes Rechtsbewusstsein wie etwa in Italien oder Griechenland. **Negativ berichtet würde allerdings zumeist nur über Russland in den Medien. Damit erweise man auch der deutschen Wirtschaft keinen guten Dienst.**

direkte mediale Vergleiche Deutschland – Russland führen nicht weiter, sondern offenbaren gewisse Arroganz

positive Entwicklung im russischen Recht vorhanden; allerdings findet diese keine Niederschlag in der medialen Darstellung

deutsche Maßstäbe im Hinblick auf Rechtsbewusstsein nicht auf Russland übertragbar

Wie alle wüssten, genössen gerade **deutscher Unternehmer in Russland eine hervorragende Reputation.** Mit der permanenten negativen Berichterstattung in den deutschen Medien allerdings gefährde man diese Position.

Gefährdung der Position deutscher Unternehmer in Russland durch negative Berichterstattung

Frau Freitag hielt hier entgegen, dass sie absolut für ein **differenziertes Russland** Bild sei. Auch leugnete sie nicht, dass man es im Zusammenhang mit den deutschen Medien häufig mit Vorurteilen zu tun habe.

Dennoch wolle sie die Frage stellen, ob es sich um ein Wahrnehmungsproblem handele. Die von **Herrn Säcker** und **Herrn Heidemann** beschriebenen Effekte im Hinblick auf die Verbesserung der Rechtssicherheit seien sehr erfreulich. Dennoch wollen sie noch einmal auf die Ausführungen von **Herrn Fischer** zurückkommen und die Frage, inwieweit es **Präsident Medvedjev des mit der Bekämpfung des Rechtsnihilismus wirklich ernst meine.** Man könne nicht alleine darauf warten, dass eine neue Generation von Juristen mit einem besseren Rechtsverständnis heranwachse.

Vorurteile in deutschen Medien evident; differenzierte Betrachtung notwendig, die aber auch den Rechtsnihilismus mit einschließt

Vielmehr müsse man bereits jetzt die Aussagen führender russischer Politiker beim Wort nehmen und sich die Frage stellen, inwieweit Behörden und Justiz nach dem Gesetzen handelten. Auch hier müsse man sich hier fragen, wie ernst es der russischen Seite sei.

Hinweis auf den Schauprozess gegen Chodorkovski; auch dies russische Rechtswirklichkeit, über die berichtet werden muss

Frau Freitag bezog sich dabei auf einen Aufsatz von **Otto Luchterhandt** in der Zeitschrift Osteuropa mit dem Titel „Verhöhnung des Rechts – Der zweite Strafprozess gegen Michail Chodorkowskij und Platon Lebedew".[19] Und dieser Prozess sei in Russland zu einem Schauprozess stilisiert worden.

Auch dies sei ein Beispiel dafür, wie russische Rechtswirklichkeit aussehe. **Professor Luchterhandt** lege in seinem Aufsatz ganz offen klar, dass hier eindeutige Rechtsverstöße gegen das russische Recht stattgefunden hätten.

---

[19] Luchterhandt, Verhöhnung des Rechts – Der zweite Strafprozess gegen Michail Chodorkowskij und Platon Lebedew, Osteuropa (4/2011).

Und insofern sei es wichtig zu fragen, wie wichtig der russischen Seite die Modernisierungspartnerschaft und die Rechtsstaatlichkeit seien. **Frau Freitag** stellte noch einmal die Frage, inwieweit man in diesem Zusammenhang wirklich auch Ansätze für eine Wendung zu Rechtsstaatlichkeit sehen könne.

schädliche Verflechtung zwischen Politik und Wirtschaft

Auch müsse darauf hingearbeitet werden, die **Verflechtung zwischen Politik und Wirtschaft,** die man in Russland immer wieder beobachten könne, zu lösen und auch hier wird Korruption zu bekämpfen. Daher sollte auch Deutschland ein Interesse haben.

Herr Schmitt nahm noch einmal Bezug auf das **Wahrnehmungsproblem Russlands** in den deutschen Medien.

Sicherlich könne man davon ausgehen, dass in der Regel, das was in der Zeitung stehe, nicht gelogen sei. Auch die **Berichte über Russland seien schon wahr.**

Berichterstattung über Russland nicht erlogen, jedoch sehr selektiv

Allerdings sei es **natürlich eine Auswahlfrage.** Glaube denn irgendjemand, dass es in China rechtsstaatlicher zugehe als in Russland. Natürlich nicht. **Russland sei Lichtjahre China voraus.** Aber redeten alle nur über Russland. Sicherlich könne dies mit von **Frau Galander** angesprochenen Überlegungen zum **Gründungsmythos der Bundesrepublik** gegen Osteuropa in Verbindung gebracht werden.

Russland ist bisweilen zu offen mit der Darstellung der Situation

Herr Schmitt wollte jedoch eine weitere Erklärung geben. Diese sei darin zu sehen, dass **paradoxerweise Russland eben sehr liberal sei um Umgang mit der Wahrheit, und zwar mit der wirklichen Wahrheit.** Präsident Medvedev selber spreche davon, dass viele Milliarden durch Korruption verlorengingen. Das höre man von den Präsidenten anderer Länder selten. Und wenn es der Präsident eines Landes sage, dann werde es ja wohl schon stimmen; diese sage sich der Beobachter. Vor allen Dingen nehme man dann an, dass es in Wirklichkeit noch viel schlimmer sei.

Präsident erklärt selber, dass Milliarden durch Korruption verloren gehen

Diese Situation sei vergleichbar mit der Geschichte über die Brutalität der spanischen Conquistadores in Südamerika[20], welche die Indianer massenweise umgebracht hätten. Man wisse inzwischen, dass die Engländer noch viel mehr Menschen in Nordamerika getötet hätten, nur habe man darüber in England nicht berichten dürfen. In Spanien sei darüber groß berichtet worden und somit habe sich im Bewusstsein der Welt Brutalität der spanischen Conquistadores festgesetzt.

negative Berichte stammen bisweilen von Russen selbst

Ähnlich verhalte es sich mit Russland. Tatsächlich redeten viele Russen selber schlecht über das Land. **Frau Lorenz** habe gesagt, man sollte Russland nicht verdammen. Aber wenn man mit Bekannten und Freunden in Russland spreche, so ergebe sich zumeist ein Gespräch über die negativen Seiten des Landes. **Viele negative Vorkommnisse seien vor allen Dingen durch Russen selber kolportiert worden.** Mit anderen Worten: Die in den Medien geschilderten Geschichten sind nicht unwahr, sondern entsprächen vielmehr der Realität. **Allerdings fehle es an einer Relativierung durch positive Ereignisse.**

Relativierung des Bildes durch positive Ereignisse

Man müsse sich einfach mal eingestehen, dass die Welt nicht so gut sei, wie man sie gerne hätte, nicht in Russland aber auch nicht anderswo. Vielleicht sei es sogar in Russland noch einen Tick schlechter als in manchen anderen Bereichen. **Aber Russland sei eben nicht grundschlecht.**

Sicherlich spiele der Faktor der Zeit eine enorm wichtige Rolle. Es sei ein mittlerweile von der politischen Wissenschaft weitgehend akzeptierter Konsens, dass es eine so genannte **„Zwanzigjahresgeneration"** gebe im **Leben einer Gesellschaft**, so dass alle 20 Jahre gewisse Umbrüche stattfänden. Dies bestätige sich auch mit Blick auf Deutschland: 1948 habe mit der Währungsreform die unmittelbare Nachkriegszeit geendet, dann

These: alle 20 Jahre ein Umbruch; insofern Zeit nach dem Zusammenbruch der Sowjetunion für einen Neuanfang reif?

---

[20] Stoll, Eva, Konquistadoren als Historiographen, 1. Auflage 1997 Tübingen: „Die Berichte entstanden aus unterschiedlichsten Beweggründen, zur Rechtfertigung des Vorgehens bei der Eroberung und Kolonisation, zur Unterstreichung materieller Ansprüche vor dem König oder aus geschichtlichem Interesse." (S. 71)

seien die die 68er Jahre gekommen und dann, im Jahre 1990 die Wiedervereinigung.

Wenn man an diesen **Zyklus** glaube, so befinde sich Russland 20 Jahre nach dem Zerfall der Sowjetunion wieder in einer Umbruchphase. **Herr Schmitt** meinte, dass sich dieser Umbruch eventuell aus einem sich anbahnenden **Konflikt zwischen Putin und mit dem Medvedjev** ergeben könne.

Herr Dippe sagte, dass er auch die Einschätzung der anderen Kollegen teile, dass eine Entwicklung in Russland zum Positiven zu registrieren sei.

Allerdings könne er feststellen, dass das **Grundvertrauen der russischen Bevölkerung** zu den eigenen staatlichen Strukturen eher **schlechter** denn besser werde.

Grundvertrauen der russischen Bevölkerung zu den eigenen staatlichen Strukturen verschlechtert sich

Herr Rahr stellte im Zusammenhang mit der medialen Darstellung fest, dass offensichtlich **zwei Strömungen gegenüber Russland in Deutschland festzustellen seien:** So werde in Wirtschaftskreisen eher positiv über Russland gesprochen, während in Kreisen, insbesondere bei gemeinnützigen Stiftungen, die sich zum Ziel gesetzt hätten, Russland auf den Weg der Demokratie zu unterstützen, Russland bis weiterhin äußerst negativ gesehen werde, da Russland den Maßstäben, die man vor 20 Jahren gesetzt habe, mitunter nicht entspreche.

bei der Darstellung Russlands in Deutschland zwei Strömungen feststellbar: in Wirtschaftskreisen wird eher positiv über Russland gesprochen, in Kreisen der Stiftungen und Kulturorganisationen eher negativ

Herr Rahr meinte, dass man solche Treffen, bei welchen eben diese unterschiedlichen Welten, **unterschiedlichen Sichtweisen, unterschiedlichen Meinungen und vielleicht auch Mentalitäten innerhalb Deutschlands aufeinanderträfen,** häufiger durchführen sollen. So komme man eher zur Wahrheitsfindung als mit einer einseitigen Sichtweise. Es sei sehr wichtig, mehr Wissen aus verschiedenen Bereichen über Russland zu sammeln.

unterschiedliche Sichtweisen in Deutschland im Hinblick auf Russland sollten zur Wahrheitsfindung eingesetzt werden

Herr Rahr sagte ferner, dass es auch im Rahmen des **Petersburger Dialoges schwierig** sei, diesen Dialog so miteinander zu führen.

Man sei in dieser Frage, wie **Herr Clement** richtig gesagt habe, in zwei Denkschulen organisiert in Deutschland.

4.2 Ein neues Image für Russland oder Presse-Bashing?

Herr Clement äußerte sich zum Thema der medialen Darstellung Russlands in der deutschen Presse –wie er betonte als ehemaliger Journalist.

Er stellte zunächst klar, dass eine Veränderung im Verhalten der Medien auf keinen Fall durch Einflussnahme bewirkt werden könne.

klischeehaftes Bild in Deutschland über Russland

Das Bild Russlands in Deutschland sei überwiegend sehr **klischeehaft und man müsse alles versuchen, dieses Bild zu ändern, nicht aber die Medien selbst.** Dazu gehöre allerdings auch, dass man in Russland einiges bewirken müsse.

Beeinflussung der Medien in Deutschland unmöglich und unzulässig

Über jedes Land gebe es Klischees, auch in Russland über Deutschland und in Deutschland über England, über Frankreich, über Andere. Allerdings habe man in Deutschland ein **von den Medien geprägtes Bild von Russland, das sich überhaupt nicht vorwärts bewege.** Im **Mittelpunkt dieses Bildes stehe eine zentralistische Vorstellung Russlands,** die aber einfach nicht mehr der Realität entspreche, weil Russland eben ein differenziert zu betrachtendes Land sei mit sehr unterschiedlichen Entwicklungsströmen.

von den Medien geprägtes, statisches Bild Russlands

Sicher gebe es Bilder aus und über Russland, die erschreckend seien und die man auch nicht übersehen könne. Allerdings müsse man versuchen, **das Gesamtbild Russlands differenzierter zu gestalten, nicht nur auf einen Punkt hin zu orientieren,** sondern so vielgestaltig zu formulieren, wie es in der Wirklichkeit sei.

Probleme müssen offen angesprochen werden, jedoch ohne die immer wiederkehrenden, klischeehaften Bilder

Auf der anderen Seite müsse die Politik darauf dringen, Russland deutlich zu sagen, was absolut **inakzeptabel sei, dies müsse angesprochen werden. Allerdings helfe es auch nicht, an klischeehaften Bildern festzuhalten** und alles andere davon abhängig zu machen.

Beispielsweise habe er wahrgenommen, dass sich das **materielle Recht in Russland weiterentwickelt habe und dort wirklich ein Prozess in Gang sei.** Dies allerdings sei in der deutschen medialen Landschaft nicht erkennbar. Auch seine eigenen Erlebnisse und Wahr-

deutsche Medien nehmen die Fortentwicklung Russlands kaum wahr

nehmungen in Russland, aus denen sich eine differenzierte Betrachtungsweise ergebe, fände er in den Medien nirgendwo widergespiegelt.

Man müsse sehen, ob man durch einen offeneren Austausch miteinander eben zu einer Veränderung des Russlandbildes kommen könne.

Herr Heidemann gab ein Beispiel zum Thema der Darstellung Russlands in den Medien aus aktuellem Anlass.

Am heutigen Morgen sei er nach Berlin angereist und haben im Flugzeug die Frankfurter Allgemeine Zeitung gelesen. Dort habe er einen Artikel gefunden überschrieben mit den Titeln *„Gauner, Mörder, Diebe und als Maskottchen ein Kanarienvogel"[21]*. Der Kanarienvogel sei Medvedev; Gauner, Mörder, Diebe seien die russischen Unternehmen. Der Artikel habe folgenden Inhalt: Es gebe einen Blogger ist Russland, der sich mittlerweile als Minderheitsaktionär an russischen Unternehmen beteilige und welcher dann in den Gesellschafterversammlungen dieser Unternehmen recht rabiat auftrete und Missstände anprangere.

Beispiel aus aktuellem Anlass: „Gauner, Mörder, Diebe und als Maskottchen ein Kanarienvogel"

Der Aufsatz komme „erstaunlicherweise" zu der Erkenntnis, dass in russischen Unternehmen Gelder veruntreut würden. **Herr Heidemann** kommentierte diesen Artikel, dass diese Erkenntnis nicht gerade originell sei. Ein Neuigkeitswert sei überhaupt nicht gegeben.

Unter Verweis auf ein Gespräch mit **Herrn Kirsch** meinte **Herr Heidemann,** dass nicht nur diese Geschichte lange bekannt sei, sondern auch der genannte Blogger, der Ursprung des Aufsatzes sei, mittlerweile fast eine Person des öffentlichen Lebens in Russland sei. Nicht **neu seien ferner auch die Missstände bei dem Unternehmen, Transneft, um das hier gehe.**

alte, längst bekannte Geschichten über Russland werden immer wieder hervorgeholt und mit einer einprägsamen Überschrift neu aufbereitet

Der Blogger, über den berichtet wurde, habe mittlerweile durch eine gerichtliche Entscheidung Zugang erhalten zu den Unternehmensunterlagen dieses Unternehmens; **gerade das, was der Blogger kritisiert habe, sei nun**

---

[21] FAZ: Gauner, Mörder, Diebe und als Maskottchen ein Kanarienvogel, FAZ v. 17.05.11, Nr. 114, S.27; http://www.seiten.faz-archiv.de/faz/20110517/fd1n201105173107760.html

von der russischen Justiz gebilligt worden. Er könne sich nunmehr die Unterlagen des Unternehmens ohne Einschränkung ansehen.

Nach Ansicht von Heidemann hätte die Meldung in der **FAZ in eine völlig anderer Richtung laufen müssen, nämlich als eine sehr positive Entwicklung im russischen Recht.** Dieser Fall bestätige nämlich, dass es möglich sei, sich erstens frei und sehr provokant zu äußern und trotzdem vor russischen Gerichten Recht zu bekommen gegen ein allmächtiges Staatsunternehmen.

positive Entwicklungen werden von keiner der deutschen Medien aufgegriffen, sondern vielmehr ins Negative verdreht

Herr Heidemann wolle weiter gegen diesen Artikel gar nichts sagen; er sei geschrieben von Frau Holm, deren Aufsätze sich ansonsten immer gut läsen. Es zeige sich aber hieran eine allgemeine **Tendenz, wie in Deutschland gedacht werde und diese allgemeine Tendenz müsse man sich zunächst einmal bewusst machen.** Man müsse erst einmal verstehen, dass über Russland berichtet werde in einer Form, die sich objektiv gebe, die sich kämpferisch und freiheitlich gebe, die es aber eigentlich gar nicht sei.

auch gute bzw. seriöse Journalisten lassen sich von der Tendenz leiten, über Russland eher negativ zu berichten

Berichte geben sich objektiv, sind es aber in Wahrheit nicht

Tatsächlich müsse man sich die Frage stellen, ob man diese Richtung weiterverfolgen wolle oder ob man die **Wahrnehmung verändern** wolle oder könne.

Veränderung der Wahrnehmung notwendig

Einflussnahme auf die Presse sei natürlich vollkommen inakzeptabel, aber vielleicht sollten die Anwesenden in dieser Veranstaltung ihre Position auch ein bisschen **lauter darstellen** in solchen Dingen.

Herr Steininger sagte, er sei sehr dankbar für die Anmerkung von **Herrn Heidemann.** Er betonte, dass man im Vorfeld dieser Diskussion dieses heutigen Tages versucht habe, die Russlandkorrespondenten verschiedener Medien, so auch der FAZ, zu dieser Veranstaltung einzuladen. Allerdings hätten diese abgelehnt, hier zu erscheinen. Man habe mit dem Argument abgelehnt, **dass man doch beschreiben müsse, was eben schlimm sei.**

Medienvertreter verweisen in der Regel auf ihre Pflicht, Missstände aufzudecken

Es würde sich sicherlich lohnen, eine wissenschaftliche Untersuchung darüber zu initiieren, wie Russland auch in seriösen Medien wie der FAZ, der Süddeutschen Zeitung, im Spiegel dargestellt werde. Beinahe wöchentlich würden Katastrophengebilde aus Russland blutrünstig geschildert. Ein seriöser Redakteur und **Russland Korrespondent habe einmal gesagt, dass positive Geschichten aus** Russland nicht gelesen würden.

positive Geschichten aus Russland kommen nicht an

Der Einwand, über Italien berichtet niemand so schlecht, auch wenn dort schwierige Zustände herrschten, sei mit dem Argument abgeschmettert worden, dass dies kein Grund sei, über Russland positiv zu berichten.

Herr Steininger sprach **Frau Freitag** auf die Zeitschrift Osteuropa direkt an, welche in ihrer letzten Ausgabe wieder einmal ausführlich zum Chodorkowski-Prozess berichtet hatte.

Frau Freitag stimmte den geäußerten Meinungen dahin gehend zu, dass die **deutsche Öffentlichkeit gerne die Skandalgeschichten aus Russland lese** und die tatsächlich auch die Journalisten beeinflusse. Diese wüssten ja auch, was gerne gelesen werde und berichteten deshalb darüber.

Allerdings warnte **Frau Freitag** im Umkehrschluss davor, **die wahren Problemfälle nicht anzugreifen oder anzutasten**, um das Bild Russlands nicht noch zusätzlich negativ zu beeinflussen. **Frau Freitag** sprach sich für eine offene Berichterstattung aus.

offene Berichterstattung darf nicht beeinflusst werden; allerdings leidet das Gesamtbild, da positive Ereignisse nicht geschildert werden

Allerdings müsse vielleicht tatsächlich beachtet werden, dass positive Entwicklungen, wie sie hier zum Teil geschildert worden seien, auch stärker in den Medien berichtet würden.

Als Beispiel verwies **Frau Freitag** auf die Zeitschrift „Osteuropa" und insbesondere auf das Themenheft „Arktis".[22] Man habe ein Themenheft zum Schwerpunkt Arktis gestaltet und hierbei **versucht, auch negativer Mythenbildung entgegen zu wirken und zu zeigen, dass es auch positive Entwicklungen gebe,** so etwa die erstaunliche Kooperation zwischen Russland und Norwegen, die durchaus beachtenswert sei.

doch auch Beispiele für Berichte über positive Entwicklungen in Russland vorhanden

---

[22]   Sapper (Manfred), Weichsel (Volker), Hummrich (Christoph) (Hrsg.), Osteuropa, Logbuch Arktis- Der Raum, die Interessen und das Recht, Osteuropa, 61. Jahrgang, Heft 2-3, Februar-März 2011.

Frau Lorenz unterstrich, dass niemand etwas dagegen habe, die wahren Problemfälle zu zeigen. Dies geschehe ja auch.

Die bestehende Diskussion richtet sich aber **darauf, dass eben nur Problemfälle offen gelegt würden, aber positive Dinge hingegen zu wenig.** Damit ergebe sich kein ausgewogenes Bild mehr.

Herr Schaich äußerte, dass er **Bedenken gegenüber diesem Presse-Bashing** hege. Bashing bedeute klagen. Es werde negativ berichtet und in vielen Fällen, das habe er selber beobachtet, **werde dies auch verlangt.** Allerdings habe auch er jahrelang in Russland gelebt und mit Journalisten gesprochen. Wenn es im Winter kalt gewesen sei und die Journalisten geschrieben hätten, in Russland sei es zum Beispiel -50 Grad kalt, dann sei dies den Redaktionen nicht genehm gewesen. Wenn man jedoch geschrieben habe, es herrsche *„sibirische Kälte"*, so sei dies veröffentlicht worden.

kritische Presse ist grundsätzlich positiv zu bewerten; Warnung vor Presse-Bashing

plakativen Übertreibungen von der Leserschaft gewünscht

Daraus könne man mehr ersehen, **dass es bestimmte Stereotypen gebe.** Es werde viel Negatives berichtet; aber man müsse sich auch an einer kritischen Presse **erfreuen.** So habe er auch über Italien in der letzten Zeit nicht viel Gutes gelesen, was die Kritik an Russland relativiere.

Klischees gerade über Russland wollen bedient werden

Herr Clement stimmte der Aussage von **Herrn Schaich** zu. Man müsse berichten, wenn es wirklich etwas zu berichten gäbe. **Auch Zuspitzungen und rechtliche Exzesse wie im Fall Chodorkowski** müssten durch Beiträge wie diesen, der auch auf der Internetseite des Ostinstituts sowie in der Zeitschrift Osteuropa veröffentlicht worden sei, medial aufgearbeitet werden. Hier müsse die russische **Führung wissen, warum sie auf welche Reaktionen stoße.**

Missstände müssen benannt werden war; auch die russische Seite muss überlegter im Hinblick auf ihre Außendarstellung agieren

Eine Presseschelte helfe niemandem. Darum gehe es nicht. Problematisch sei, dass Dinge die der breiten Öffentlichkeit nicht bekannt seien, aus verschiedenen Gründen auch nicht berichtet würden; so würden Relativierungen und andere Entwicklungen – wie etwa die

Betreiben einer Presseschelte ist kontraproduktiv

Veränderungen im Rechtsbereich – also auch die positiven Entwicklungen, nicht erwähnt.

Eine Verbesserung dieser Situation sei nur zu bewerkstelligen, wenn **man selbst dafür sorge, dass eine hierfür empfängliche Öffentlichkeit entstehe.** Diese könne man nur erzeugen, indem man über die Fakten berichte. Dies sei mühsam. Aber man möge sich damit trösten, dass auch die sattsam bekundeten Klischees an Aufmerksamkeit verlören. Dies sei womöglich auch eine Generationenfrage.

Presse ist adressatenbezogen: nicht die Presse, die Öffentlichkeit müsste sich ändern: Generationenfrage

Insgesamt gehe es darum, dass das Bild Russlands sich den Realitäten wieder annähere.

kolportiertes Russland-Bild müsste sich der Realität annähern

Herr Rahr stimmte der Meinung zu, dass **kein Presseoder Medien-Bashing betrieben werden solle.** Allerdings sei eine nüchterne Analyse der Gegebenheiten ebenfalls notwendig.

Nach den Forsa-Umfragen, die von der DGAP im Rahmen des Russlandforums gemacht worden seien, glaubten **50% der Deutschen selber, dass die Berichterstattung über Russland in den Zeitungen voller Stereotypen seien.**[23] Ferner äußerten **45%** der befragten Journalisten, dass sie selbst sich darüber bewusst wären, dass die Berichterstattungen zu einseitig negativ sei.

nach Umfrage: 50 % der Deutschen glaubt an eine übertrieben negative Berichterstattung über Russland

Nach den Gründen gefragt, habe man folgenden Vergleich angestellt. In den angelsächsischen Zeitungen gebe es eine andere Tradition als in deutschen Zeitungen. Die **amerikanischen und die englischen Zeitungen berichteten immer erst einmal nüchterne Fakten** auf den Seiten 1, 2 und 3 und der Kommentar, ob gehässig oder jauchzend, euphorisch, der eigentliche **Kommentar folge frühestens auf Seite 4 oder auf Seite 5 oder spätestens auf Seite 10.**

Kommentierung einer Situation in den deutschen Medien hat Tradition

23   Beispielsweise: http://www.wiese-consult.com/de/aktuelles/43-deutsche-vermissen-ob jektivitaet-ggue-russland-forsa-umfrage; http://www.unsererussen.de/fileadmin/Presse_PDF/2007/ PI_forsa_Unsere_Russen_de.pdfForsa- Gesellschaft für Sozialforschung und statistische Analysen, Unsere Russen -Unsere Deutschen, S. 2 ff. (17.12.2007)

In Deutschland verhalte es sich anders; in **Deutschland müsse schon eine gewisse Wertung, eine emotionale Wertung, in dem Text auf Seite 1 abgegeben** werden. Daran hielten sich die großen Zeitungen und das sei eine Tradition, die seit Jahrzehnten existiere und die man nicht ändern wolle. Man stehe in Deutschland auf dem Standpunkt: Der deutsche Leser müsse herangeführt werden an eine bestimmte Idee oder Ideologie. Und dies sei im Hinblick auf Russland ein gewisses Problem.

in Bezug auf Russland fehlt es den Medien an Selbstkritik

Vor 20 Jahren habe er, **Herr Rahr,** für Radio Free Europe in Moskau gearbeitet. Er kenne die Korrespondenten, die heute noch vor Ort ihrer Tätigkeit nachgingen. Viele seien dort geblieben. Schon damals, aber auch noch während dieser 20 Jahre, hätten sich die Journalisten in Moskau vor allem als Kämpfer für Demokratie verstanden. In den Jahren **1990-1995 sei man in Russland weniger als Journalist, denn als Berater wahrgenommen worden.** Man habe in den Kreml gedurft, die Gegenelite sei an der Macht gewesen, die russischen Politiker, die Demokarten wie Jegor Gaidar, waren am Zuge. Diese hätten wirklich über Journalisten Unterstützung aus dem Westen haben wollen.

deutsche Journalisten haben sich in Bezug auf Russland positioniert

Grund für die kritische Einstellung: Journalisten haben sich mit Demokraten der 90iger Jahre solidarisiert

Als nachher im Jahr 2001 Putin an die Macht gekommen sei**, habe sich der Spieß umgedreht,** alles sei auf einmal anders gewesen und man hätte sich entscheiden müssen, auf welcher Seite man stehen sollte.

Mit Russland, das eigentlich jetzt mit der Machtergreifung Putins in Richtung Stabilität ging, hätten sich die **anwesenden Journalisten vor allem darauf konzentriert, die Freunde aus dem demokratischen Lager zu verteidigen** und in Schutz zu nehmen und sich mit denen zu verbünden, z. B. mit Javlinski, also mit den Leuten, die man in den letzten 10 Jahren begleitet habe.

Demokratische Erwartungen der Journalisten wurden enttäuscht; diese reagieren mit Verbitterung

Man sei also dazu übergegangen, sich mit denen zu solidarisieren, die nun auf einmal nicht mehr an der Macht gewesen seien, die aber in den Augen der ausländischen Beobachter für Demokratie standen, gegen Putin, gegen die Neuentwicklung in Russland. Diese **Positionierung der Journalisten habe zu vielen Trennungs-**

gräben geführt, aus denen man sich heute kaum befreien könne.

Herr Rahr nahm auch Bezug auf die Beilage in der Süddeutschen Zeitung. Wenn dort aber Russen veröffentlichten, so stelle sich die Frage, warum diese nicht ähnlich auch in Russland publizierten. Bei Russia Today habe man begonnen, dass man auch Streitgespräche führe, Selbstkritik übe und in Streitgesprächen die Wahrheit suche.

Das Problem sei vor allem, dass **Russland nicht mehr als etwas dargestellt wird oder gelebt werde, das zu Europa gehöre.** Provozierend sagte **Herr Rahr,** in den letzten Jahren habe **Europa den Osten verloren.** In Deutschland habe man keine Ostpolitik mehr, man sei nicht mehr fasziniert von der Entwicklung im Osten Europas und in Russland Land.

Auf der anderen Seite müsse man zugeben, dass Russland kein Land mehr darstelle, das Ideen liefere, weder positive noch negative. Es scheine, dass der Osten an der Ostgrenze Deutschlands ende. Man habe Mittelosteuropa, den Westen, die Amerikaner, die Transatlantische Gemeinschaft, **aber der gerade für Deutschland wichtige Osten, die damit zusammenhängende Ostforschung, die Ostpolitik und eine Strategie sei in den letzten Jahren zu kurz oder gänzlich abhandengekommen.**

Es habe sich ein **bestimmtes Schema der Sichtweise** herausgebildet, die Ukraine, Weißrussland und Russland zu beurteilen.

So werde etwa Weißrussland in Deutschland mit Lukaschenko identifiziert. Weißrussland bestehe jedoch durchaus nicht nur aus Lukaschenko. Gemeinhin werde Weißrussland jedoch als an Land wahrgenommen, in dem auf der einen Seite alleine Lukaschenko und seine Getreuen lebten und auf der anderen Seite einige wenige, die ihn bekämpfen wollten. **Die große Masse derer, die weder zum einen Lager noch zum anderen gehörten vollständig, fehle in dieser Betrachtung.** Ähnliches gelte für die Ukraine.

schematische Sichtweise auf Weißrussland, Russland und die Ukraine

Russland wird nicht als zu Europa gehörend betrachtet

in Deutschland fehlt eine wahrnehmbare Ostpolitik und Ostforschung, die zur Objektivierung der Berichterstattung beitragen könnte

Klischeehaften Darstellung betrifft nicht nur Russland, sondern auch Weißrussland und die Ukrainer

Insgesamt sei die gegenwärtige Entwicklung, die sich jetzt zwischen Russland und dem Westen abspiele, sehr kompliziert. **Russland sei zurzeit ständig auf der Suche nach einer stabilen Positionierung.**

Herr **Rahr** fügte hinzu, er habe nur mit Schrecken gesehen, dass eine führende deutsche Stiftung inzwischen sage, dass der Osten Europas in China liege. **Russland sei durch China und interessanter geworden.**

Blick hat sich nach China gewendet

4.3 Auswirkungen der Berichterstattung

Herr **Brand** meinte allerdings im Hinblick auf die negative Berichterstattung, dass diese **kaum Auswirkungen auf Investitionen** deutscher Unternehmen in Russland habe.

kaum Beeinflussung der Investitionstätigkeit durch die Medien

Herr **Steininger** sagte hierzu, dass es natürlich zu **kaum erklärlichen Widersprüchen komme,** wenn man einerseits als Anwalt bei Veranstaltungen, zum Beispiel der IHK, versuche, Investoren für Russland zu gewinnen und die Frage der Rechtssicherheit objektiv zu beschreiben, auf der anderen Seite jedoch zeitgleich Aufsätze in den Medien erschienen, welche den Eindruck hinterließen, bei Russland handele es sich allein um einen Unrechtsstaat.

abweichende Meinung: mediale Darstellung hat Einfluss auf Investitionen

Dies führe sicherlich zu einer Verunsicherung der Investoren, insbesondere dann, wenn diese mit einem **Dauerfeuer negativer Berichterstattung** belegt würden.

Dauerfeuer negativer Berichterstattung wirkt sich aus

Hierauf bezugnehmend ergänzte **Herr Schmitt** ein Beispiel für den Einfluss der Medien im Hinblick auf Investitionen.

Wenn ab Mitte der Putin Ära, als erste Erfolge weithin sichtbar wurden, bis zu deren Ende – also von ca. 2004 bis zur Finanzkrise von 2008, die auch Russland hart getroffen habe und die zeitlich leider fast exakt mit Medvedevs Wahl zusammengefallen sei – ein **deutsches Unternehmen angekündigt habe, es wolle in Russland investieren, dann hätten die Aktienkurse dieses Unternehmens am Tag danach einen signifikanten Ausschlag nach oben gezeigt.** Dies habe vor allem für Unternehmen im Konsumgüterbereich gegolten.

früher stiegen die Aktienwerte bei der Ankündigung, in Russland zu investieren; heute stehen Unternehmen, die in Russland investieren, eher unter Rechtfertigungsdruck

Gegenwärtig müsse man sich als deutsches Unternehmen für Investitionsentscheidungen in Russland bei seinen Aktionären oft eher **besonders rechtfertigen.** Wenn man also investieren wolle und dies medial ankündige, so ließe sich der gegenteilige Effekt beobachten: **Die Aktie fiele am nächsten Tage.** Dies gelte insbesondere dann, wenn ein Projekt weniger erfolgreich sei.

Insofern werde die Hemmschwelle für Investoren, sich in Russland zu engagieren, bereits durch die Medien höher gelegt.

Frau Galander sagte man sei sich wohl einig, dass **man ein differenziertes Bild präferiere.** Genau dies solle eine Veranstaltung wie die heutige ja auch hervorbringen.

Grundkonsens aller: differenziertes Bild Russlands vermitteln

Frau Galander fügte hinzu, dass sie persönlich sehr häufig nicht nur eine einseitige, sondern auch die sehr **arrogante Berichterstattung von oben herab** beobachte. Bisweilen werde Russland eben wie ein **Dritte-Welt-Land,** das irgendwo „hervorgekrochen" sei, darstellt.

bisweilen arrogante und herablassende Berichterstattung über Russland

Dies werde der Bedeutung Russlands und auch seiner Entwicklung in keiner Weise gerecht und müsse auch geändert werden. Seit 10 Jahren, also seit dem Jahr 2000 und dem beginnenden wirtschaftlichen Aufschwung Russlands, **bestehe eine extreme Diskrepanz zwischen wirtschaftlicher Entwicklung, den Beratern, die in Russland tätig seien auf der einen Seiten und der negativen Berichterstattung auf der anderen.** Diese beiden Pole fänden seit Jahren nicht zusammen.

große Diskrepanz zwischen der Einschätzung der Berater, die in Russland tätig sind und der Berichterstattung

Frau Galander sagte, dass sie ratlos sei, wie man ein differenzierteres Bild in der Öffentlichkeit befördern könne. In diesem Zusammenhang **schlug sie eine Folgeveranstaltung vor,** in welcher dieses Thema im Beisein von Journalisten diskutiert werde.

Herr Rahr betonte allerdings auch, dass auch die russischen Firmen müssen natürlich auch was für ihr Image tun müssten. Hier bestehe noch viel Nachholbedarf. Gerade russische Unternehmen versuchten auch im Ausland eher über Botschaften Kontakte herzustel-

Problem auch: russische Unternehmen pflegen nicht ausreichend ihr Image

len, als über Imagekampagnen, da diese langfristig angelegt sein und kein schnelles Geld brächten.

Herr Clement berichtete, dass er seit den sechziger Jahren häufiger in Moskau gewesen sei; in dieser Zeit habe man sich mit den deutschen Korrespondenten vor Ort immer wieder getroffen und Erlebnisse ausgetauscht. **Es habe eine Symbiose zwischen Politik und Journalismus gegeben.** Die Journalisten seien zu jener Zeit sehr engagiert gewesen.

Dies habe sich im Vergleich zu heute dramatisch verändert. Gerade die Bedeutung der Printmedien habe sich stark reduziert. Daher sollte man sich im Hinblick auf **die negative Darstellung Russlands nicht zu sehr auf die Zeitungen „einschießen".** Auch wenn das Bild Russlands in den deutschen Zeitungen überwiegend negativ sei und bisweilen nicht den Realitäten entspreche, **so werde sich dies mit dem Wandel in der Medienlandschaft ebenfalls verändern.**

Bedeutungsverlust der Printmedien gegenüber dem Internet

Die **Leitmedien, die bislang das Bild Russlands geprägt hätten, verlören mehr und mehr an Bedeutung.** Insofern werde die Problematik eines bestimmten Russland Bildes sich voraussichtlich in den nächsten Jahren entschärfen. Wichtig sei es allerdings, die deutsche Politik weiterhin im Hinblick auf die Kooperation mit Russland zu sensibilisieren.[24]

Wandlung des Russlandbildes mit der Umstellung der Medienlandschaft

Frau Malieva unterstützte die Aussage von **Herrn Clement** im Hinblick auf die Printmedien, dass diese wahrscheinlich immer weniger Gewicht erhielten im Hinblick auf die Darstellung Russlands.

Ein entscheidender Faktor sei allerdings auch die Darstellung im Fernsehen. Hierbei sei zu kritisieren, dass **Berichte über Russland in der Regel erst ab 24 Uhr gesendet würden, so dass die breite Masse der Bevölkerung,** selbst wenn diese Berichte objektiv seien, kaum die Möglichkeit zur Kenntnisnahme erhalte.

Berichterstattung über Russland wird in den Fernsehmedien nur nachrangig behandelt

---

[24] Vgl. Rutz, Michael, Petersburger-Dialog, Medien, 03.02.2009; http://www.unsererussen.de/fileadmin/Presse_PDF/2007/PI_forsa_Unsere_Russen_de. pdf

4.4 Zwischenergebnis

Im Hinblick auf die Darstellung Russlands **von vielen Teilnehmern der Expertenrunde** konstatiert, dass **Russland in den deutschen Medien zu negativ und selektiv dargestellt werde.** Dies konnte auch an aktuellen Beispielen belegt werden. Allerdings fand diese Auffassung nicht ungeteilten Zuspruch; so müsse eine freie Presse auch die Möglichkeit haben, Missstände aufzudecken.

Für die teilweise doch sehr negative **Berichterstattung wurden verschiedene Begründungen** angeführt. So wurde einerseits argumentiert, dass sich die „alte" Bundesrepublik gegenüber Osteuropa habe **negativ abgrenzen** müssen und diese Abgrenzung quasi erhalten geblieben sei, was sich nunmehr in der Presse widerspiegele. Als weitere Begründung wurde genannt, dass viele **Journalisten zur Kommentierung der Ereignisse neigten und geprägt worden seien durch den demokratischen Aufbruch innerhalb der 90iger Jahre in Russland.** Die Mehrzahl der Journalisten habe sich mit den damaligen russischen Demokraten solidarisiert. Allerdings sei nun die Entwicklung der russischen Gesellschaft und Politik anders verlaufen, als erhofft.

Auch wurde herausgestellt, dass viele negative Schlagzeilen von Russen selber produziert würden. **Es werde nichts Falsches berichtet, problematisch sei allerdings die Auswahl der berichteten Ereignisse.**

Einige Teilnehmer **warnten, dass ein „Presse-Bashing" problematisch** sei. Man dürfe Realitäten nicht verschweigen. Vielmehr müsse sich das Bild Russlands nicht wieder den Realitäten annähere; hier stünden auch die Journalisten in der Pflicht. Außerdem bestehe sowieso keine Möglichkeit der Einwirkung auf die Presse. Allerdings müsse darauf hingewirkt werden, dass auch positive Nachrichten aus Russland kolportiert würden, um somit ein ausgewogenes Russlandbild zu zeichnen.

Hervorgehoben wurde aber auch, dass die **russische Regierung und die russischen Unternehmen selber zur Verbesserung des Russlandbildes beitragen** müssten.

Weiterhin wurde die Meinung vertreten, dass sich dieses **Russlandbild im Zusammenhang mit dem Wandel der Medienlandschaft** und dem Rückgang der Printmedien zu Gunsten des Internets voraussichtlich ändern werde.

Einig waren sich die meisten Experten allerdings dahin gehend, dass **zwischen Medien, Politik und Stiftungen auf der einen und Wirtschaft auf der anderen Seite in Deutschland eine Diskrepanz** im Hinblick auf die Einstellung zu Russland bestehe. So sei die **Wirtschaft durchweg positiver** eingestellt.

Die meisten Teilnehmer waren auch der Überzeugung, dass die negative Presse den Wirtschaftsbeziehungen und den Beziehungen insgesamt zwischen Russland und Deutschland schade.

5. Mittelstand und wirtschaftliche Entwicklung in Russland

5.1 Situation des Mittelstandes in Russland

In Bezug auf den Mittelstand merkte **Herr Steininger** an, dass eine ganz klare Unterscheidung auch zwischen Putin und Medvedev zu sehen sein.

Putin verfestige klar die Strategie der Unterstützung der Großunternehmen, Staatsunternehmen und der Staatskooperativen.

Strategieunterschied bezüglich Mittelstand: Putin vertritt die Unterstützung der Großunternehmen, Medvedjev den Mittelstand

Demgegenüber sei Medvedev wohl der Überzeugung, dass ein Mittelstand aufgebaut werden müsse. **Herr Steininger** stellte in diesem Zusammenhang die Frage, ob es überhaupt in Russland einen Mittelstand gebe, welcher diese Bezeichnung verdiene, und wenn ja wie man diesen unterstützen könne.

Im Hinblick auf den Mittelstand in Russland wies **Herr Fischer** zunächst auf die **geographische Größe Russlands** hin, die den Aufbau mittelständischer Strukturen, wie es sie in Deutschland gebe, erschwerten.

Darüber hinaus müsse man berücksichtigen, dass es **die Träger mittelständischer Entwicklung in Russland erst überhaupt seit 1991** gebe. Und natürlich sei das Umfeld für mittelständisches Wirtschaften in Russland auch schwierig wie in allen postsowjetischen Ländern. [25]

geographische Ausdehnung und kurze Entwicklungszeit erschweren den Aufbau mittelständischer Strukturen

Man **stoße sich als Mittelständler in Russland zunächst an der Bürokratie** und habe es auch mit vielen der Themen und Hindernisse zu tun, die heute bereits erörtert worden seien.

---

[25] Investieren in Russland - Chancen für den Mittelstand 2009, Positionspapier des Ost-Ausschusses, S. 42, http://www.deutsch-russische-gespraeche.com/29.html; Sonderpublikation zur 3. Deutsch-Russischen Mittelstandskonferenz, Investieren in Russland – Chancen für den Mittelstand, Münster 2009, S. 16.

So gebe es auch das **Thema Finanzierung**. Mittelständler seien in der Regel in Russland **nicht „bankable"**; das bedeute, dass sie oft **keinen Bilanzen oder keine Bilanzgeschichte** hätten und damit oft nicht in den Genuss von Finanzierungen und Krediten kämen.

Träger mittelständischer Strukturen häufig nicht „bankable"

Fehlende oder **nicht genügende Bilanzen** machten es russischen Banken, die vielleicht sowieso keine große Neigungen hätten, sich mit diesem Thema zu beschäftigen, schwer, Mittelständler und Start-Up-Unternehmen zu fördern.

Trotz dieser widrigen Umstände gebe es durchaus Mittelständler, die trotz dieser schwierigen Rahmenbedingungen den Schritt nach vorne geschafft und sich behauptet hätten. Dies sei grundsätzlich sehr positiv.

Dennoch sei der Mittelstand heute **nicht entscheidend für die Wirtschaftsstruktur** Russlands.

Mittestand nicht entscheidend für die Wirtschaftsstruktur Russlands

Es gebe Schätzungen über die Wirtschaftskraft und die Bedeutung des Mittelstandes. Und es sei ein Anliegen Vieler, zum Beispiel des Ost-Ausschusses der Deutschen Wirtschaft und anderer Organisationen, deutschrussische Mittelstandskonferenzen zu organisieren.

Es sei allerdings oft **schwierig, im Mittelstandsdialog dann auch Kräfte in Russland zu finden, die Gesprächspartner sein könnten.** Das heißt, wenn man über Mittelstand sprechen wolle, dann müssten auch die Mittelständler miteinander ins Gespräch kommen. Die Förderung solcher Kontakte und Gespräche über staatliche russische Stellen sei aber oft problematisch, da dann wieder staatliche Strukturen den Dialog anstelle der Mittelständler bestimmten.

Mittelstandsdialog leidet darunter, dass die mittelständischen Strukturen in Russland nicht ausreichend ausgeprägt sind

Bei der deutsch-russischen Mittelstandsförderung sei es ferner wichtig, die verschiedenen Ansätze zu bündeln und zu koordinieren und nicht isoliert zu arbeiten, da dadurch Effizienz verloren gehe.

Herr Dippe verwies im Hinblick auf den Mittelstand auf das **Präsidentenprogramm in Russland**, das seit vielen Jahren stattfinde.

Präsidentenprogramm zur Mittelstandsförderung prinzipiell guter Ansatz

Er stelle aus eigener Erfahrung dem **Präsidenten Programm zur Förderung des Mittelstandes**[26] ein sehr gutes Zeugnis aus; das Programm sei eigentlich **intakt**. Man müsse nur sehen, ob und auf welche Weise man dieses ergänzen könne.

Herr Clement berichtete von einem Aufenthalt in Sankt Petersburg bei der dortigen Industrie- und Handelskammer. Er habe dort in einem kleinen Kreis über Mittelstandspolitik referiert und habe im Vorfeld angenommen, dass man erst einmal die Grundlagen von mittelständischer Arbeit und deren Bedeutung erläutern müsse.

Mittelstand in Russland bisweilen schon weiter, als unterstellt wird

Allerdings habe er so sodann festgestellt, dass **die Geschäftspartner in Sankt Petersburg sehr viel mehr von Mittelstand verstünden, als er unterstellt habe.** Es sei ihm darüber hinaus zugetragen worden, dass es in der Region Petersburg ungefähr 300.000 Mittelständler gebe, also kleine und mittlere Unternehmen. **Deshalb könne er nur davor warnen, zu glauben, man könne dort irgendwo noch gewissermaßen erzieherisch wirken.**

Wenn man etwas Handfestes tun wolle, dann solle man sich mit russischen Mittelständlern zusammensetzen; am lehrreichsten sei beispielsweise eine offene Diskussion zwischen 15 Mittelständlern aus Deutschland und 15 Mittelständlern aus der Region Sankt Petersburg. In einem solchen Rahmen könne man feststellen, was wirklich gebraucht werde.

Im Hinblick auf die russische Politik nehme er immer noch das Problem wahr, dass man offensichtlich **versuche, Mittelstand „von oben"** gewissermaßen zu erzeugen. Mittelstand könne jedoch nicht „von oben" entstehen.

Mittelstand nicht „von oben" zu verordnen, was in Russland bisweilen versucht werde

Wichtig sei, dass der Mittelstand von den Banken genügend Geld zu niedrigen Zinsen zur Verfügung gestellt

---

[26] Deutsch-russisches Präsidentenprogramm, das 1998 initiiert wurde, sieht insbesondere Managerfortbildung vor; das Programm wurde bis 2012 verlängert; www.inwent.org/E+Z/content/archiv-ger/o6.../moni_art2.html

bekomme und sich nicht einer Kaskade an Belastungen gegenübersehe.

Mit Verweis auf **Herrn Fischer** sagte **Herr Clement**, dass der Mittelstand ein entscheidender Hebel für Veränderungen sei. Dies, was Herr Wedde als Mentalitätsproblem bezeichnet habe, sei ein schwieriges Feld und das sogenannte Mentalitätsproblem sei ein schwieriger Begriff. Man erzeuge natürlich bestimmte Gewohnheiten. Im Ruhrgebiet habe man lange subventioniert und dadurch **auch eine Subventionsmentalität** erzeugt. Dies sei in Ostdeutschland ja auch der Fall.

Vermeidung von Subventionsmentalität durch Stärkung des Mittelstandes

Der **Einfluss der Politik auf die Wirtschaft in Russland sei natürlich noch immer zu stark.** Wenn man mit deutschen oder westlichen Unternehmen rede, die sich in Russland engagieren wollen, sage beinahe ein jedes, dass man einen politischen Schirm benötige, um aktiv werden zu können; hierzu ließen sich viele Beispiele anführen.

politischer Schirm für Investoren in Russland notwendig

Aber auch auf deutscher und europäischer Seite gebe es Barrieren für eine vernünftige Zusammenarbeit mit Russland. So stießen russische Unternehmen, die sich in Westeuropa engagieren wollten, auf bürokratische und auch auf unternehmerische Probleme.

Es sei deshalb ratsam, eine Art **„Befreiungsschlag"** zu **riskieren und Visa-Freiheit einzuführen.**

auch im Hinblick auf Mittelstand: Forderung nach Visa-Freiheit

Der Austausch zwischen unseren Ländern sei unelastisch. Hier müsse man eine neue Dynamik hineinbringen.

Herr Clement stimmte **Herrn Wedde** zu, dass die Institute und Institutionen, die hier sich ernsthaft mit diesen Fragen beschäftigen, auch entsprechend gefördert werden müssten, damit wirklich ein Austausch zustande komme und man nicht betteln müssen um jeden Pfennig.

Westeuropa baut Barrieren für russische Mittelständler

Es gebe zwar den großen **Petersburger Dialog** oder vergleichbare Veranstaltungen, auf denen **immer das Gleiche ausgetauscht** werde. Diese müssten allerdings durch wirklich in konkrete Gespräche ergänzt werden. Hiermit soll man den Anfang machen.

Herr **Richter** gab im Hinblick auf den Mittelstand zu bedenken, dass dieser in den **Regionen Russland immer noch sehr stark vom Willen der dortigen Gebietsadministration** abhängig sei. Dies habe er persönlich in der Schwarzerde-Region Voronesh erlebt.

Entwicklung des Mittelstandes in Russland stark von der jeweiligen Gebietsadministration abhängig

Ferner erwähnte **Herr Richter** eine Initiative der IHK Dresden, die gerade Mittelständlern aus Dresden und der Region Voronesh zusammenführen wolle. Man müsse solche Gespräche allerdings sehr gut vorbereiten und organisieren, damit sich die Mittelständler des jeweiligen Landes im Hinblick auf ihrer Branche träfen. Es sei bisweilen aber auch schwierig, russischen Mittelständler für einen Dialog zu gewinnen.

Herr Steininger stellte noch einmal die Frage, ob für den deutschen Mittelstand ausreichende Investitionssicherheit in Russland bestehe bzw. ob man einem mittelständischen Mandanten die Investition empfehlen könne.

Er ergänzte hierzu, dass in der Regel der Mittelständler den Mittelständler suche und insoweit eine Investition nur dann möglich wäre, wenn ein deutscher Mittelständler einen entsprechenden Partner in Russland fände. Dies sei seiner Meinung nach nicht gegeben. Auch die Zusammenarbeit auf der Ebene von Joint Ventures verlaufe eher schleppend.

deutscher Mittelstand findet keinen Wiederhall in Russland

Herr Brand wandte sich im Zusammenhang mit der Mittelstandsdiskussion den in Russland tätigen deutschen Mittelständlern zu.

Er verwies auf die bereits jetzt in Russland **tätigen 6.000 deutschen Unternehmen,** bei denen es sich sicherlich nicht allein um Großunternehmen handele; hier seien bereits viele Mittelständler vertreten. Viele seiner Mandanten seien Mittelständlern, die vielleicht weniger bekannt, jedoch auch Weltmarktführer in ihren Segmenten seien, welche ganz in Ruhe und im Stillen in Russland gute Geschäfte machten und Dividenden nach Hause transferierten.

von deutscher Seite investiert insbesondere auch der Mittelstand in Russland

Ein Kernproblem sehe **Herr Brand** darin, dass es **viele Mittelständler gebe, die schlecht vorbereitet seien,** wenn sie nach Russland kämen und dann für ihre Probleme Russland verantwortlich machten. Viele Mittelständler gingen davon aus, ihr Geschäftsmodell eins zu eins transferieren zu können, ohne sich über den rechtlichen, steuerlichen Rahmen Gedanken zu machen und vielleicht sogar nicht mal den Markt zu erforschen.

mittelständische Investoren häufig schlecht auf Russland vorbereitet und dann enttäuscht

Das **größte Investitionshindernis in Russland seien also die Investoren selbst.** Diese bereiteten sich nicht oder nicht ausreichend vor und gerade die Mittelständler schreckten vor doch relativ hohen Beratungskosten am Anfang des Engagements zurück. Russland sei ein wenig komplizierter, so dass der Start-up-Aufwand relativ hoch sei. Insofern: Der größte Fehler, den man als Mittelständler machen könne, sei eine schlechte Vorbereitung. **Man könne Behördenkontrollen und Administration auch mit Vorbereitung in den Griff bekommen. Man müsse nur richtig nutzen.**

Herr Scholz äußerte, dass es seiner Auffassung nach in Russland einen aufkeimenden Mittelstand gebe, der viele **Kooperationsmöglichkeiten und Schnittstellen** für deutsche mittelständische Unternehmen biete.

in Russland ausreichende Kontaktmöglichkeiten für Mittelständler

Herr Scholz meinte ferner, dass der Mittelstand ein liberales Umfeld benötige und keine Eingriffe von Seiten des Staates. Er bestätigte die Auffassung von **Frau Lorenz**, dass in Russland ein **sehr gutes Steuerrecht existiere, überbordende Bürokratie jedoch dessen Umsetzung stranguliere, so dass der Mittelstand sich nicht entsprechend entfalten könne.**

Rechtsgrundlage ebenfalls positiv (z. B. Steuerrecht); Problem jedoch ist die überbordende Bürokratie

Allerdings sei dieses Phänomen auch in Deutschland vorzufinden; hier sei die Unterschiede zwischen Deutschland und Russland sehr gering, insbesondere wenn es darum gehe, welches Umfeld der Mittelstand benötige.

Jedoch sei es ein besonderes Merkmal Russlands, dass hier eine Bürokratie bestehe, die die Durchsetzung, die das **tägliche Leben** für die Unternehmen, egal ob es ein deutscher Mittelständler oder ein russischer Mittelständler sei, schwierig mache. Und dies sei es, woran es zu arbeiten gelte.

tägliches Leben wird durch Bürokratie erschwert

In Konsequenz bedeute das, dass die Entwicklung **des russischen Mittelstandes das Umfeld stimmen müsse;** dann entwickle sich der Mittelstand eigentlich ganz gut alleine. Denn in der Tat hätten die Eingriffe von oben, der politische Wille, Mittelstand zu fördern und große Initiativen aufzulegen, zu nichts geführt.

Mittelstand entwickelt sich von alleine, wenn das Umfeld stimmt

Herr Scholz ging auch auf die Frage von **Herrn Rahr** ein, wie Herr Medvedev nach seiner Amtszeit bewertet würde. Aus Sicht von **Herrn Scholz** habe er sehr viel gesagt und sehr viel benannt, aber herausgekommen sei wenig.

Medvedjev hat – insbesondere im Hinblick auf Mittelstand – bislang zuwenig bewirkt

Herr Steininger stellte auf die Anmerkung von **Herrn Scholz** die Frage in den Raum, was man unternehmen würde, wenn man an der Stelle von Medvedjev wäre.

Diese Frage aufgreifend meinte **Herr Nitzsche**, dass es wohl sehr schwierig sei, sich vorzustellen, russischer Präsident zu sein und auf Probleme wie Entwicklung des Mittelstandes oder Korruption sowie überbordende Bürokratie eine Antwort zu finden. Hier gebe es schon fundamentale Unterschiede zu den westlichen Staaten Europas.

Sicherlich existierten politische, gesellschaftliche Bewegungen oder Parteien in Russland, aber es **fehle an der Transmission zwischen dem, was der Präsident sage und dem, was durch Programme umgesetzt werde.**

Problem der Förderung des Mittelstandes ein gesamtgesellschaftliches Problem der Transmission von politischem Willen und Umsetzung in der Bevölkerung

Aber gebe **keinen Träger in der Gesellschaft,** der das annehme und selber sich zu eigen mache, was der Präsident deklariere.

Der Grund hierfür sei in einer **gewissen Resignation** zu sehen, welche die **Bürger gegenüber der politischen Klasse in Russland** hegten. Glaube man den aktuellen Meinungsumfragen, so sei die Akzeptanz der politischen Klasse in Russland katastrophal.

keine gesellschaftlichen Kräfte in Russland vorhanden, die wirtschaftspolitische Vorgaben umzusetzen vermögen

Resignation: politische Klasse ist diskreditiert

Die letzten Umfragen zeigten, dass sowohl **Putin als auch Medvedev an Kredit in der Bevölkerung massiv verloren hätten.**

Es sei sehr schwer zu sagen, wie man als russischer Präsident handelte. Auf jeden Fall ließe sich jedoch konstatieren, dass die **Programme keine Rezipienten** fänden;

es gebe eben niemanden der sage, dass er die verordneten Programme aufnehme, unterstütze oder durchsetze.

politische Programme finden keine Abnehmer

Herr Brand nahm den Gedanken von **Herrn Nitzsche** auf und verband diesen mit der Mittelstandsfrage; denn dieser setze eben auch mündige Bürger voraus.

Mündige Bürger wiederum könnten sich nur im Rahmen einer Demokratie entwickeln. **Herr Brand** bezweifelte, ob dieses Ziel tatsächlich auf der Agenda der russischen Regierung stehe.

Mittelstand erfordert mündige Bürger; dieses Ziel fehlt auf der Agenda der russischen Regierung

Dazu passe allerdings auch die Haltung der russischen Bürger, welche durch **mangelnden Glauben an den eigenen Staat**, an die eigene Regierung und auch an das eigene Schicksal geprägt sein. Deswegen bezweifle er auch, ob das, was postuliert werde, das viele Papier, wirklich das wert ist.

Herr Clement stimmte **Herrn Scholz** zu, dass, wenn man wirklich den Mittelstand fördern wolle, die Banken Kredite vergeben müssten, welche **deutlich günstiger seien, als der durchschnittliche Kredit in Russland**. Bedingung sei zudem, die Bürokratie zurückzuschneiden und den bestehenden Unternehmen auch weitere Spielräume zu geben. Die Möglichkeit, durch Programme und Wirtschaftsförderung auf die **wirtschaftliche Entwicklung Einfluss zu nehmen**, würden im Ausland **überschätzt**. Die Wirtschaft werde tätig, wenn diese Spielräume eingeräumt würden.

Mittelstandsförderung durch günstige Kredite und Einräumen von Spielräumen

Und eben diese **Spielräume müssten eingeräumt werden durch Steuerrecht, durch Bürokratieabbau** oder vergleichbare Maßnahmen.

Steuerung von Mittelstand durch staatliche Programme ein Irrweg

Hier liege der Grundfehler im Denken, der aber eben auch in Deutschland tief verwurzelt sei.

Kernpunkt sei, der Phantasie und Kreativität der Menschen wieder mehr Spielraum wieder geben. Natürlich gehe dies nur einher mit einer demokratischen Entwicklung. Aber diese werden befruchtet, wenn man auch solche Spielräume gestatte.

Herr Schaich ergänzte, dass man **Russland in der Tat nur raten könne, die Bedingungen für das Entstehen eines Mittelstandes zu schaffen.** In diesem Zusammenhang nahm **Herr Schaich** den Begriff der Mittelschicht und des Bürgertums auf. Diese seien Grundvoraussetzungen für die Schaffung eines Mittelstandes.

trotz allem: Bemühungen zur Schaffung eines stabilisierenden Mittelstandes notwendig

Herr Richter nutzte im Zusammenhang mit der Frage des Mittelstandes noch einmal die Gelegenheit, darauf hinzuweisen, dass man in Russland die **Bedeutung des Eigentums** mehr in den Vordergrund rücken müsse.

Gerade am Beispiel der ehemaligen DDR könne man sehen, wie die Kraft des Eigentums dazu geführt habe, aus einer verkommenen Region wie dem Kohledreieck Halle-Leipzig ein menschenfreundliches und ansehnliches Gebiet zu schaffen. In Russland müsse der **Privatisierung auch von kommunalen und staatlichen Gebieten** vorangetrieben und die Verantwortung für Eigentum gefördert werden.

Nur so könne auf die Dauer eine Verbesserung der Infrastruktur erreicht werden. An dem Gefühl für Eigentum fehle es in Russland schon seit der zaristischen Zeit.

5.2 Mittelstand versus Öl, Gas und Staatskooperativen

Der bisherigen Diskussion folgend stellte **Herr Steininger** heraus, dass es Möglichkeiten zur Förderung der russischen Wirtschaft gebe: Die **erste Möglichkeit** bestehe darin, auf den hohen Ölpreis zu setzen und die quasi-staatlichen Großunternehmen zu fördern. Die **zweite Möglichkeit** sei die Schaffung eines Mittelstandes, der langfristig das Land tragen könne.

Alternativen für Russland: Mittelstand oder Gas/Öl

Herr Kirsch als Vertreter des Wirtschaftsministeriums nahm Bezug auf die Äußerungen von **Herrn Clement**, dass es schwierig gewesen sei, dem erwähnten russischen Mittelständler und seiner Familie für längere Zeit ein Visum und eine Aufenthaltsgenehmigung für Deutschland zu beschaffen.

Visaerteilung für russische Staatsbürger scheitert häufig an konsularischen Formalitäten

Das formale Problem in diesem Fall, der ihm bekannt sei, liege nicht bei der Wirtschaftsabteilung, sondern vielmehr bei der Visaabteilung der deutschen Botschaft in Moskau.

Im Hinblick auf den Mittelstand sagte **Herr Kirsch**, dass in den vergangenen Jahren **massiv Staatskorporationen in Russland**[27] gebildet worden seien, die dem Mittelstand den Freiraum zum Atmen nähmen.

Bildung russischer Staatskooperationen hemmt den russischen Mittelstand

Herr Kirsch verwies auf das **Beispiel von Rostechnologii**[28], in welchem mehr als 450 kleinere Unternehmen enthalten seien, welche die Bereiche der Industrie, der Medizin und der Wissenschaft abdeckten. Hier bereits stelle sich die Frage, warum diese Unternehmen nicht privatisiert würden, was dem Mittelstand sicherlich einen Anschub gäbe.

Ein ähnliches Beispiel sei auch in der Energiewirtschaft Russlands zu finden. So habe Tschubais Stromkonzerne zerschlagen. In Folge bilde sich langsam wieder **ein neuer russischer staatlicher Stromkonzern**, der peu à peu alle möglichen Geschäftsbereiche wieder aufkaufe und damit staatlichem Besitz einverleibe.

In der russischen Wirtschaft seien immer wieder Bewegungen hin zur **Schaffung von Großkonzernen und zur Verstaatlichung** zu erkennen. Man arbeite im deutschen Wirtschaftsministerium im Bereich Energieeffizienz mit der Rudea[29] und mit der Gasprombank zusammen. Der Grund bestehe vor allen Dingen darin, dass es sich bei der Gasprombank und ein gigantisches Unternehmen handele, das ebenfalls annähernd 500 Unternehmen besitze und damit die Macht habe, bestimmte Projekte im in Zusammenhang mit Energieeffizienz durchzuführen.

Problem Russlands: nicht Privatisierung, sondern Verstaatlichung schreitet voran

Verstaatlichung betrifft vor allem den Kernbereich der russischen Wirtschaft, den Energiesektor

---

[27] Hierbei muss unterschieden werden zwischen reinen staatlichen Unternehmungen (Beispiel Vneshökonombank) und integrierten Wirtschaftsstrukturen (Beispiel: Gazprom), siehe hierzu ausführlich Zverev, staatliche Körperschaften in der Wirtschaft des modernen Russland, Berlin 2010

[28] Unterstützung der Entwicklung und des Vertriebs von Hochtechnologieprodukten russischer Produktion, seit dem 9. November 2007; http://www.rostechn.ru/en/; Vgl. http://www.wirtschaftsblatt.at/archiv/rostechnologii-putin-buendelt-die-staatliche-waffenindustrie-476698/index.do

[29] http://rudea-energy.com/de/ueber-rudea/organisationsstruktur

Allerdings müsse man sich die Frage stellen, warum die **Gasprombank knapp 500 Unternehmen** besitze oder Anteile an diesen Unternehmen.

Wenn hier eine Entstaatlichung einsetze, so könne dies auch den Mittelstand voranbringen. Die **Fokussierung Russlands auf Großkooperationen sei allerdings extrem problematisch, da diese eben schlecht arbeiteten.** Wenn man die Zahlen dieser Unternehmen analysiere, dann komme man zu dem Ergebnis, dass deren Gewinn nur äußerst mäßig sei.

Großkooperativen unwirtschaftlich: Privatisierung muss vorangetrieben werden

Insgesamt sprach sich **Herr Kirsch** dafür aus, dass vor allen Dingen die **Privatisierung vorangetrieben** werden müsse, wenn man in Russland den Mittelstand fördern wolle.

Herr Wedde meinte im Zusammenhang mit der Förderung des Mittelstandes und dem gleichzeitigen Aufbau von Staatskooperativen, dass man in der politischen Führung Russlands und speziell Präsident Medvedjev, **weniger Angst vor der eigenen Bevölkerung haben solle.**

In Russland **herrsche in weiten Teilen eine Art Misstrauenskultur** vor. Jeder misstraue jedem, was in Anbetracht der russischen Geschichte nicht völlig überraschend sei. Ein roter Faden der Geschichte Russlands sei es eben, dass alles, was in der russischen Geschichte passierte, immer „von oben" verordnet gewesen sei.

Misstrauen der Regierung auch gegenüber der Bevölkerung führt zur Tendenz der Verstaatlichung

Dies beginne schon bei **Peter dem Großen**, der gesagt habe, dass man jetzt modernisieren solle und sprichwörtlich die Bärte abschneiden ließ. Auch die Sowjetunion sei im Grunde genommen ein Musterbeispiel davon gewesen, wie man „von oben" irgendetwas verordnet habe. Diese Tradition finde sich jedoch immer noch in den Köpfen der russischen Bevölkerung.

Modernisierung in der Geschichte Russlands häufig „von oben" oktroiert

Insofern **bestätigte Herr Wedde die bereits geäußerten Meinungen,** dass der Präsident der Russischen Föderation den Unternehmen vor allem die Luft zum Atmen geben müsse.

Auch die russische Forschung und die russischen Mittelständler würden schon auf die richtigen Pferde setzen,

Vertrauen in die Leistung der eigenen Wirtschaft und Forschung notwendig

wenn man sie denn ließe und nicht irgendwelche Staats-
strukturen ihnen irgendetwas vorschrieben. Dies sei
wohl der entscheidende Punkt und **wahrscheinlich auch
der entscheidende Denkfehler. Wenn in Russland ein
Problem auftauche, dann werde hierauf reagiert, indem man eine Staatskorporation gründe, um die Versorgung in diesem Bereich zu gewährleisten.** Wenn
also der beispielsweise der russische Automobilbau da-
niederliege, dann werde erwogen, eine Staatskoopera-
tion ins Leben zu rufen, in welche dann sehr viel Geld
investiert werde, damit man dann so weiter „wursch-
teln" könne, wie bisher. Dieses Konzept sei bislang nie
erfolgreich gewesen.

*Staatskorperativen
keine Antwort auf
wirtschaftliche Pro-
bleme*

Es stelle eines der **Hauptprobleme** der russischen Führung, der **Bevölkerung Russlands mehr zu vertrauen,**
was gleichbedeutend sei, dieser mehr Raum zum Atmen
zu geben. Die übrigen Probleme lösten sich dann viel-
fach von ganz allein.

*gegenseitiges Miss-
trauen zwischen rus-
sischer Administra-
tion und Bevölkerung
führt zu Stillstand*

Herrmann Schmittergänzte zum Thema Mittelstand,
dass dieser natürlich **in Deutschland die Säule des Erfolgs** sei. Deswegen würden auch alle Ratschläge an
Russland aus Deutschland ebenfalls in diese Richtung
weisen, dass man doch dort genauso machen solle und
den Mittelstand stärken.

Ketzerisch gesagt sei dies allerdings ein wenig mit der
Situation zu vergleichen, wenn russische Berater
Deutschland empfählen: *„Schaut her, bei uns ist die Öl-
förderung die Säule des Erfolgs. Warum fördert ihr in
Deutschland eigentlich kein Öl."*

*Stärke Russlands ist
die Förderung von Öl
und Gas; warum soll
man dann den Ausbau
des Mittelstandes
empfehlen?*

Jedes Land habe eben **seine spezifischen Stärken.** Es
sei eigentlich nur natürlich, dass Russland zunächst seine besonderen Stärken entwickle, die vor allen Dingen
im Öl und Gasgeschäft bestünden.

*nicht jedes Land muss
die gleiche Wirt-
schaftsstruktur wie
Deutschland haben*

Diese Strategie werde von Russland nach Meinung von
Herrn Schmitt auch mit positiven Ergebnissen verfolgt,
wenn man sie mit anderen ölexportierenden Ländern
mit Venezuela, Nigeria etc. vergleiche. Insgesamt habe
der Öl-Reichtum auch das einfache Volk erreicht. Das
Geld sei nicht wie in Venezuela auf Konten der herr-

*Gewinne aus Öl und
Gas sind auch beim
Volk angekommen;
insofern ist die Stra-
tegie Russlands, ob Öl
und Gas zu setzen,
richtig*

schenden Clique geflossen. **Insgesamt sei ja ein enormer, breiter Anstieg im Wohlstand der Gesamtbevölkerung erzielt worden in den letzten 20 Jahren; dies müsse man anerkennen.**

Durch die **Fukushima-Katastrophe** und durch die Entscheidungen der Bundesregierung in der Energiefrage sei **für Russland ist die Ausgangslage noch mal günstiger geworden im Bereich Energie.** Also warum sollte Russland diese Karte eigentlich nicht spielen.

Bedingungen für die „Energiekarte" optimal

Darüber hinaus warf **Herrn Schmitt** die Frage auf, ob denn wirklich noch mehr verarbeitende Industrie gebraucht werde, mehr Autofabriken, mehr Zulieferindustrie, **kurz, ob in jedem Land die gleichen wirtschaftliche Strukturen wie in Deutschland vorhanden sein müssten.**

wirtschaftliche Strukturen nicht übertragbar

Herr Schmitt verwies auch auf die **Geschichte Russlands. Im bisherigen Russland sei alles sehr zentral geregelt worden,** es habe immer große Unternehmen gegeben. Diese großen Unternehmen seien teilweise zerschlagen worden. Allerdings seien die Reste dieser Unternehmen immer noch sehr überdimensioniert für europäische Verhältnisse. Man solle sich **lieber darauf einstellen, mit einem Russland dieser Wirtschaftsstruktur noch eine Weile zu leben.**

Wirtschaftsstruktur der Großunternehmen wird sich halten; der deutsche Mittelstand muss sich auf Russland einstellen, nicht umgekehrt

Herr Schmitt empfahl, als Berater solle man versuchen, die Mittelständler in Deutschland, die ja eben hier die Mehrzahl seien so zu beraten, **dass sie die Lage so nähmen, wie sie sie in Russland vorfänden.** Sie sollten versuchen, mit den gegebenen Strukturen ins Geschäft zu kommen und zu sehen, dass man das Beste daraus mache.

5.3 Energie: der Machtfaktor Russlands

Zum Thema Energie meinte **Herr Säcker,** dass man nicht verhindern könne, dass die **russische Energiewirtschaft im Wesentlichen in staatlicher Hand** bliebe. Das sei jedenfalls die jetzige Philosophie.[30]

Energiesektor wird in staatlicher Hand bleiben

Auch der russische Präsident habe kein Wort zu Gunsten der Privatisierung von Teilbereichen der Wirtschaft geäußert, von kleinen regionalen Vorhaben abgesehen. Dem russischen Staat sei klar, dass er, wenn jetzt nach Fukushima der Niedergang der **Kernenergie in vielen Ländern beginne, die Zügel in der Hand behalten wolle.** Aus seiner Erfahrung in China und Japan sowie Indien würden dort die Kernenergieprogramme ebenfalls zurückgefahren. Diese Länder würden natürlich verzweifelt versuchen, dass sie möglichst schnell auch russisches Erdgas beziehen könnten.

Trotz verbesserter Förderbedingungen werde **Erdgas in Zukunft ein sehr knapper Stoff werden.** Warum sollte Russland nach Deutschland so viel Erdgas liefern wie gewünscht, wenn Deutschland die künftigen Erdgaskraftwerke ausbauen will, um die Volatilität des Windes auszugleichen. Russland werde also erneut in eine fantastische Lage kommen, in der alle Länder sein Erdgas haben wollen. **Und dieser Faktor werde scheinbar von der deutschen Politik nicht gesehen.**

Niedergang der Kernenergie stärkt Position der russischen Regierung erheblich

Man sehe immer nur die **gegenwärtigen Gaspreise,** die zur Versorgung Deutschlands annehmbar seien, vernachlässige aber den Faktor, dass eventuell auch noch andere Länder russisches Gas beziehen wollen.

Marktpreis des Gases wird sich erhöhen

Insofern werde Russland in **eine ganz andere, viel stärkere Position** kommen. In fünf, sechs Jahren werde es mit den Gaslieferungen zu den gegenwärtigen Preisen schwierig. Dies müsse beachtet werden wie auch der Wunsch der russischen Seite, Russland auch die Freiheit

---

[30] Vgl. zum gesamten Komplex Energie: Säcker, Franz Jürgen, Handbuch des Energierechts, 1. Aufl., München 2010; Rahr, Alexander, Russland gibt Gas: Die Rückkehr einer Weltmacht, 1, Aufl., München 2008

des **Zugangs zum europäischen Markt** verschaffen.[31] Wenn dieser verschlossen bleiben sollte und keine Teilhabe an den Handelsgewinnen und Vertriebsgewinnen zugelassen werden könne, werde sich das Verhältnis sehr schwierig entwickeln. Dann könne Russland sich genauso gut nach Osten bzw. Asien orientieren. Diese Tendenz hat sich in den letzten fünf Jahren bereits abgezeichnet.

Russland wird Zugang zum europäischen Markt fordern

Also müsste man sich im Bereich der **langfristigen Energiepolitik auch ein Stück auf Russland zubewegen,** wenn man in Deutschland von dem Gaskuchen etwas abhaben wolle.

es wird sich eine große Konkurrenz auf dem Gasmarkt ergeben, die Russland für sich nutzen kann

Das sei, so der Eindruck **von Herrn Säcker, bei der Bundesregierung noch nicht angekommen, die immer den Status quo unterstelle,** dass wir die gleiche Menge von Gas weiter zu relativ günstigen Preisen bezögen. Dieses Mehr an Gas wäre verfügbar, wenn die Chinesen, Japaner und Inder nicht auch vom russischen Erdgas profitieren wollten. Dies sei der Hauptpunkt.

deutsche Energiepolitik kurzsichtig, da sie auf gegenwärtige Preise vertraut

Insoweit werde die **Gasfrage zu einer ganz zentralen politische Frage** werden, was vielen noch gar nicht so bewusst sei.

5.4 Zwischenergebnis

Einig waren sich die Teilnehmer der Diskussionsrunde im Bezug darauf, dass der **Mittelstand in Russland zurzeit keine entscheidende Rolle** spiele, wenngleich man nicht sagen dürfe, dass es gar keinen Mittelstand gebe. Auch stehe die Kreditwürdigkeit vieler mittelständischer Unternehmen in Russland aufgrund fehlender Professionalität in Frage.

Ferner gebe es in Russland **zwei wirtschaftspolitische Strömungen.** So unterstütze Präsident mit Medvedjev den **Aufbau eines Mittelstandes,** während Ministerpräsident Putin auf die **Staatskooperativen bzw. die Energiekonsortien** setze. In der jüngsten Vergangenheit sei zu beobachten, dass sich die russische Wirtschaft aufgrund ihrer starken Ausrichtung auf Großunternehmen wieder in Richtung Verstaatlichung bewege. Diese Staatskorporationen seien

---

[31] Es geht um die Begrenzung der Macht von Gaslieferanten über die Pipelines, siehe GönnaKretels auf http://www.dw-world.de/dw/article/0,,14872915,00.html; siehe auch Mauder,Ulf, Handelsblatt, Handelsblatt, 04.05.2010.

aber wenig profitabel. Gerade Letztere seien auch der Grund dafür, dass dem in der Entwicklung begriffen den Mittelstand die Luft zum Atmen genommen werde.

Nicht ganz einheitlich wurde die Frage beantwortet, **ob es für Russland denn überhaupt sinnvoll sei, den Mittelstand zu fördern**. Immerhin sei die Energiepolitik bislang für Russland sehr erfolgreich gewesen, so dass es fraglich sei, inwieweit ein Mittelstand im Sinne Deutschlands überhaupt notwendig wäre. Dies wurde allerdings von den meisten Teilnehmern bejaht vor dem Hintergrund einer größeren Stabilität Russlands. Darüber hinaus sei ein starker Mittelstand auch die deutsch-russischen Wirtschaftsbeziehungen von großem Vorteil, da dann für die deutschen Firmen mehr Komplementärunternehmen vorhanden seien.

Einig waren sich alle Teilnehmer dahin gehend, dass man **einen Mittelstand nicht „von oben" aufbauen könne**. Vielmehr sei es wichtig, weniger die gesetzlichen, als vor allem die bürokratischen Beschränkungen zu reduzieren, um den Individualunternehmern Freiheit einzuräumen, sich zu entwickeln. Allerdings existiere in Russland mittlerweile eine so weit fortgeschrittene Vorstellung von Mittelstand, dass auch hier Deutschland nicht als Lehrmeister auftreten könne.

Ein wesentlicher Punkt sei hierbei auch, dass die **russische Regierung nicht in die wirtschaftliche Innovationskraft ihrer eigenen Bevölkerung vertraue**. Die zu beobachtende Tendenz zur Verstaatlichung könne auch als Misstrauen dahin gehend verstanden werden, dass die russische Wirtschaft aus eigenen Kräften ohne staatliche Unterstützung und ohne Großunternehmen bestehen könne.

Im Hinblick auf die **deutsche Energiepolitik** wurde bemerkt, dass diese sich auf Russland zubewegen müsse, da Russland zurzeit in einer äußerst starken Position sei. Die russische Position werde im Zusammenhang mit dem Verteilungskampf um Gaslieferungen mit asiatischen Staaten auch in Zukunft noch weiter gestärkt werden.

6. Forschung- und Wissenschaft: Skolkovo[32] und Rosnano[33]

Im Zusammenhang mit der Frage, wie denn die russischen Staatskooperativen zu bewerten seien, ging **Herr Wedde** auch auf die staatliche Forschungsförderung in Russland ein.

6.1 Probleme der staatlichen Wissenschaftsförderung

Herr Wedde verwies hierbei auf das Projekt in Skolkovo, bei welchem man mit staatlicher Subvention versuche, ein russisches Silicon Valley aufzubauen. Ein zweites Beispiel sei die Staatskorporation Rosnano, mit welchem die Nanotechnologie gefördert werden solle. Ob die Nanotechnologie wirklich mit staatlichen Mitteln förderungswürdig sei, sei an dieser Stelle schwer zu beurteilen.

staatliche Subventionierung auch im Bereich der Wissenschaft: Skolkovo und Rosnano

Allerdings scheine eines offensichtlich zu sein: Eine Forschungsförderung, die darin bestehe, dass irgendwelche Beamten hinter dem Schreibtisch entscheiden, wo geforscht werde und wo das Geld für die Forschung hinfließe, werde nur schwer funktionieren. Und deswegen sei es auch schwer vorstellbar, dass aus Skolkovo ein Silicon Valley werde, da dieses einfach von einem völlig anderen Grundprinzip ausgehe.

Verteilung von Forschungsmitteln bei den Vorzeigeprojekten Rosnano und Skolkova alleine durch den Staat ist problematisch

Im Hinblick auf **Skolkovo und Rosnano** relativierte **Herr Schmitt**, dass diese Projekte vielleicht doch nicht so kritisch gesehen werden dürften, wie es teilweise in den Medien dargestellt würde. Sicherlich könnte man sich fragen, ob das **künstliche Projekte** seien. Auch die Frage, woher denn Bürokraten wissen sollten, in welche Bereiche zu investieren sei, könne nicht von der Hand ge-

---

[32] Skolkovo, durch die staatlich SkolkovoFoundation geförderter Industriepark bei Moskau, insbesondere zur Schaffung eines Zentrum für Hochtechnologie; http://russlandheute.de/articles/2011/02/07/drang_nach_innovation_06492.html

[33] Staatliche Körperschaft zur Unterstützung der Nanotechnologie, die mit Föderationsgesetz vom 19.7.2007, FZ Nr. 139 ins Leben gerufen wurde zur Umsetzung staatlicher Politik im Bereich der Nano Technologie, zur Entwicklung einer innovativen Infrastruktur bei Nanotechnologie, zur Realisierung von Projekten zu Bildung perspektivischer Nanotechnologie und Industrie", siehe auch http://www.ad-hoc-news.de/russian-hightech-development-institutions-open-office-in--/de/News/22019857.

wiesen werden. Auch diese Sichtweise entspreche der Erfahrung aus der Bundesrepublik, nämlich bessere Rahmenbedingungen zu setzen und die Leute machen zu lassen. Nun sei es aber einmal so, dass **Rosnano eine Kasse von mehreren Milliarden staatlicher Mittel und Förderung zur Verfügung habe.**

relativierende Ansicht: Skolkovo und Rosnano vielleicht künstliche Projekte, aber vom Grundprinzip her auch eine große Chance

Nun **erwarte man Leute mit Ideen.** Jeder, der mit einer guten Initiative komme, könne damit rechnen, dass er gefördert werde. **Dies sei vom Grundprinzip her erst einmal eine große Chance.**

Auch im Zusammenhang mit **Skolkovo** berichtete **Herr Schmitt,** dass er deutsche und andere ausländische Berater kenne, die dort tätig seien. Diese seien teilweise als Lehrende in Skolkovo an der MBA-School angestellt, die dort gegründet worden sei. Die Anstellungsverträge seien seines Wissens gut dotiert; auch seien die Arbeitsbedingungen und Studenten hervorragend.

in Skolkovo gute Arbeitsbedingungen vorgefunden

Herr Schmitt plädierte dafür, dass man aus deutscher Sicht vielleicht sagen könne, dass man die Förderung anders organisiert hätte. Man dürfe aber auch nicht dem Blickwinkel Russlands vernachlässigen und müsse versuchen, aus den Gegebenheiten das Beste zu machen. Gerade bei den Projekten Skolkovo und Rosnano sei viel Geld investiert worden und **die Chance liege darin, das Beste aus diesen Investitionen zu machen.**

Rosnano und Skolkovo bieten eine Chance, die genutzt werden sollte

Im Hinblick auf die erwähnten Projekte Rosnano und Skolkovo meinte **Herr Schaich,** dass diese in mancher Hinsicht Beispiele dafür seien, dass etwas **durch die Politik und Verwaltung beschlossen würde, was von den Wissenschaftlerinnen und Wissenschaftlern gar nicht angenommen** bzw. mit Forschungsvorhaben ausgefüllt werde. Dies betreffe vor allen Dingen die Hochtechnologie-Forschung für Industrie und sonstige Anwendung.

Zweifel an der Akzeptanz von Rosnano und Skolkovo durch die Wissenschaft

Außerdem bestehe auch in Russland die Vermutung, dass größere Summen entweder nur auf dem Papier vorhanden seien oder dass diese seit **Jahren bereitgestellt, aber offensichtlich nicht ausgegeben würden.** In

ähnlich wie beim Thema Mittelstand: Versuch der Implementierung eines Wissenschaftssystems „von oben"

der wissenschaftlichen Community Russlands sei auch Rosnano nicht wirklich akzeptiert.

Dies sei wiederum ein Beispiel dafür, dass man von außen versuche, ein System, in dem Fall das Wissenschaftssystem, zu reformieren, wobei der Erfolg ausbliebe.

Es sei sehr bedauerlich, dass im russischen Wissenschaftsbetrieb andere Ansätze, die zu Beginn der 90er Jahre geschaffen worden seien, was die Forschung und die Forschungsförderung angehe, wie zum **Beispiel Mittelvergabe im Wettbewerb oder das bekannte Stichwort Peerreview[34]**, also die Einführung eigener Verantwortung für die Förderung des eigenen Faches und Finanzierung der eigenen Disziplin, mit politisch **plakativen Großinitiativen an die Wand gedrängt würden.**

politisch-plakative Großinitiativen ersetzen Eigenverantwortung im Wissenschaftsbetrieb

Auf **Nachfrage der Diskussionsteilnehmer**, wie man denn sonst Wissenschaftsförderung betreiben solle, sagte **Herr Schaich**, dass es bei der Forschungs-, Wissenschaftspolitik, Forschungsförderung durchaus gute Beispiele gebe. In Deutschland zum Beispiel gäbe es einige Institutionen, die unter anderem vom Wirtschaftsministerium, aber auch vom BMBF und den Wissenschaftsressorts der Länder Geld erhielten. Ihre Aufgabe sei es, mit diesem Geld, Wissenschaft und wissenschaftliche Projekte zu fördern, die **im Wettbewerb von den Kollegen der Antragsteller begutachtet werden.** So würden im Wege der **Selbstverwaltung der Wissenschaft** Förderungsentscheidungen getroffen.

Implementierung von Wissenschaft als Selbstverwaltungsaufgabe notwendig

Eine solche Vorgehensweise setze jedoch Vertrauen voraus, welches die Geldgeber – Bund und Länder – den Wissenschaftsorganisationen, die ihre Förderentscheidungen selbständig treffen, entgegenbringen müssten. In Russland fehle es jedoch aufgrund vielfältiger Umstände an einem solchen Vertrauen.

---

[34] Peer-Review: Verfahren im Wissenschaftsbetrieb zur Beurteilung wissenschaftlicher Arbeiten, insbesondere von Publikationen; dabei werden unabhängige Gutachteraus dem gleichen Fachgebiet wie die Autoren herangezogen, um die Qualität zu beurteilen.

6.2 Widerspruch zu wissenschaftlichen Großprojekten: „brain drain"

Herr Säcker äußerte sich in diesem Zusammenhang zum Thema Wissenschaft und Gehälter. Die russische Universität sei völlig unterfinanziert. **Ein russischer Hochschullehrer verdiene etwa 1.500 Euro im Monat,** inzwischen weniger als ein Richter. Er sei also ebenfalls auf einen Nebenerwerb aus und arbeite höchstens einen halben Tag an der Uni und den Rest privatwirtschaftlich, wo er Geld erhalte.

Widerspruch zu Groß-projekten: Unterfi-nanzierung der Wis-senschaft und der Abwanderung russi-scher Wissenschaftler

Es gebe junge Leute, die zum Vorteil der amerikani-schen, japanischen auch vielleicht der deutschen Wirt-schaft abwanderten, da man im Westen zunehmend junge russische Wissenschaftler beschäftigte. **Auch die-ses Ausbluten Russlands müsse man verhindern**, wenn man hier im Bereich der Forschungsförderung interes-sante Dinge machen wolle.

Problem des „brain drain"

6.3 Zwischenergebnis

Im Hinblick auf die staatliche Forschungs- und Wissenschaftsförderung in Russland wurden von einigen Teilnehmern **Bedenken gegen wissenschaftli-che Großprojekte wie Skolkovo und Rosnano** geäußert. Genauso wie beim Mittelstand werde hier bisweilen versucht, ein **Wissenschaftsprojekt „von oben" zu implementieren.** Auch hier gelte, dass man den in der Wissenschaft Verantwortlichen mehr Freiräume zugestehen müsse. **Die Bewertung von förderungswürdigen Projekten müsse durch die Wissenschaft selbst** und nicht durch forschungsferne Administration geschehen.

Allerdings waren hier auch gegenteilige Meinungen zu vernehmen, welche die Projekte **Skolkovo und Rosnano als große Chance** für Russland und auch für Investoren erachteten. Auch stelle sich die Frage, wie man denn sonst For-schungsförderung betreiben solle; es sei hier kaum ein Unterschied zu westli-chen Staaten zu erkennen.

Schließlich wurde auf die schlechte Bezahlung der meisten russischen Wissen-schaftler hingewiesen, die zu einem neuen **„brain drain"** aus Russland führten, was wiederum im **Widerspruch zu den geförderten Großprojekten** stehe.

7. Wirtschaftspartnerschaft und politische Partnerschaft

Herr Steininger sprach den Zusammenhang zwischen **Wirtschaftspartnerschaft und politische Partnerschaft** zwischen Deutschland und Russland sowie die im Sommer 2010 vereinbarte **„Partnerschaft für Modernisierung"**[35] an.

7.1 Wirtschaft als Säule politischer Beziehungen?

So könne man den Eindruck gewinnen, dass die **Beziehungen zwischen Deutschland und Russland momentan alleine von der Wirtschaft getragen** würden. Auf der politischen Seite allerdings fehlten zurzeit „Brückenbauer".

Früher habe es auf der **politischen Seite Persönlichkeiten gegeben, welche das Verhältnis zwischen Deutschland und Russland maßgeblich** beeinflusst hätten, so etwa Bundeskanzler Kohl und Präsident Jelzin, Bundeskanzler Schröder und Präsident Putin oder Bundesaußenminister Steinmeier, der sich für die Verständigung mit Russland besonders stark gemacht habe. Gerade eine solche Verbindung auf persönlicher Ebene fehle gegenwärtig.

zurzeit Wirtschaft tragende Säule der Beziehungen zwischen Deutschland und Russland?

keine „Männerfreundschaften" mehr

So könne man oberflächlich zurzeit das Gefühl der guten Beziehungen zwischen Deutschland und Russland gewinnen. Allerdings ergebe sich diese **positive Grundstimmung allein auf den wirtschaftlichen Beziehungen**. Ansonsten hätten die Beziehungen zwischen Deutschland und Russland in Russland selber den besonderen Status verloren. Nach Aussage eines Mitarbeiters der Kreditanstalt für Wiederaufbau **sei Deutschland aus der Sicht Russlands auf eine Ebene zurückgerutscht, die auch zwischen Russland und anderen Ländern gelte.**

Beziehungen zwischen Deutschland und Russland haben ihre Exklusivität verloren

---

[35] Die Europäische Union und die Russische Föderation haben am 1. Juni in Rostow auf den Umfang eine neue Partnerschaft für Modernisierung ins Leben gerufen; Partnerschaft für Modernisierung vgl. http://www.european-council.europa.eu/homepage/highlights/eu-russia-partnership-for-modernisation?lang=de

So stehe die Frage im Raum, **ob man den Beziehungen zwischen Deutschland und Russland wieder einen besonderen Anstrich verleihen solle** und vor allen Dingen, wie dies zu bewerkstelligen wäre. In diesem Zusammenhang stelle sich auch die Frage, wie die *„Partnerschaft für Modernisierung"*, die zwischen Deutschland und Russland 2010 geschlossen worden ist, zu bewerten sei bzw. ob diese Partnerschaft eventuell zu einem Ersatz reifen könne, für die bisherigen Beziehungen auf persönlicher Ebene.

Herr Schmitt meinte im Hinblick auf die Behauptung, die Wirtschaft sei der eigentliche tragende Pfeiler der deutsch-russischen Beziehungen, dass dieser **Wirtschaftsaustausch in Wahrheit nicht so grandios sei, wie es vielleicht scheine.**

Wirtschaftsaustausch zwischen Deutschland und Russland wird überschätzt

Es werde natürlich Handel betrieben, es werde gekauft, aber das **Investitionsvolumen in beide Richtungen, das könne man auch in den Bundesbankberichten** über die letzten beiden Jahre nachlesen, habe massiv abgenommen. Hier geschehe viel zu wenig.

Investitionsvolumen auf beiden Seiten ist stark zurückgegangen

Frau Malieva meinte zur Rolle der Wirtschaft in den deutsch-russischen Beziehungen, dass diese der Vorreiter sein müsse, ungeachtet der Berichte in den Medien. **Die Wirtschaft müsse sich vielmehr von den Medien und der Politik emanzipieren;** somit könne sich dann auch eine neue Richtung in den deutsch-russischen Beziehungen entwickeln.

Wirtschaft muss sich im Hinblick auf Russland von den Medien und der Politik emanzipieren

Im Hinblick auf die deutsch-russischen Wirtschaftsbeziehungen und die *„Partnerschaft für Modernisierung"* meinte **Frau Malieva**, dass die Idee eines Treffens mittelständischer russischer und deutscher Unternehmer eine hervorragende Möglichkeit sei, neue Wege zu beschreiten und **die Wirtschaftsbeziehungen weg von der Männerfreundschaft auf die Ebene kleiner und mittelständischer Unternehmen zu ziehen.**

Führungsrolle der Wirtschaft notwendig

Es habe diesbezüglich bereits viele Anläufe von Seiten des Wirtschaftsministeriums gegeben, jedoch bislang ohne großen Erfolg. Dies zeige, dass man eine **Zusam-**

menarbeit nicht durch ein Ministerium organisieren könne.

Vielmehr sollten die Unternehmer bzw. Unternehmerverbände hier das Heft in die Hand nehmen.

Auch in Russland gebe es mittlerweile eine beachtliche Anzahl mittelständischer Unternehmer, die sowohl das Schicksal ihres Unternehmens im Kopf hätten, als auch politisch insoweit engagiert seien, als dass sie hierdurch Chancen für die Weiterentwicklung ihres Unternehmens sähen.

Ihrer Erfahrung nach hätten diese **russischen Unternehmen auch ein verstärktes Interesse an Investitionen im Ausland.** Um die deutsch-russischen Wirtschaftsbeziehungen zu unterstützen, solle man vor allen Dingen auf diese kleineren Unternehmer schauen.

es existieren russische Unternehmen, die im Ausland investieren wollen

Durch eine **verstärkte Zusammenarbeit** auf dieser Ebene könnten die auf politischer Ebene **eingeschlafenen deutsch-russischen Beziehungen** und damit auch die Beziehungen ganz allgemein eventuell wieder **stärker belebt werden.** Allerdings müsse die **Politik dann eindeutige Akzente zur Unterstützung der kleineren und mittleren Unternehmen,** die sich in Russland engagierten, setzen.

stärkere Unterstützung kleinerer Unternehmen, die in Russland investieren wollen, notwendig

Ein Problem sei auch, dass zwar mittlerweile recht viele russische Unternehmen in Deutschland tätig seien, dass diese allerdings kaum in Erscheinung träten, weder medial, noch in Form **einer Lobby-Organisation wie etwa der deutschen Außenhandelskammer in Moskau.** Der Grund hierfür bestehe darin, dass die russischen Unternehmen teilweise selber kein Interesse an Außenwirkung hätten, zum anderen aber auch teilweise gar nicht wüssten, wie sie sich in Deutschland präsentieren und positionieren könnten und sollten.

russische Unternehmen treten im Ausland weitgehend ohne Lobby-Organisationen auf und verfügen insofern über wenig Visibilität

Frau Malieva erwähnte in diesem Zusammenhang eine für den 31. Mai 2011 geplante **Mittelstandskonferenz in Moskau**[36], bei der auch der deutsche Wirtschaftsminister sprechen werde. Sie schlug ferner vor, dass es eine

---

[36] http://www.ost-ausschuss.de/4-deutsch-russische-mittelstandskonferenz-moskau

Folgeveranstaltung geben solle, in der vor allen Dingen die Kooperationen russischer und deutscher mittelständischer Unternehmen behandelt werden solle. **Ferner solle man sich auch dem Erscheinungsbild russischer Unternehmer in Deutschland widmen.** Sinnvoll wäre hierfür auch ein Erfahrungsaustausch in einem objektiven Rahmen.

Verbesserung des Erscheinungsbildes russische Unternehmen in Deutschland

7.2 Politische Bemühungen um Förderung der Wirtschaftsbeziehungen

Unter Bezugnahme auf **Frau Malieva** erwiderte **Herr Kirsch**, dass Wirtschaftsminister Rösler zu einer Mittelstandskonferenz als erste Amtshandlung nach Moskau fahre. Diese Konferenz werde organisiert vom Ostausschuss und Opora[37], dem Verband für mittelständisches Unternehmertum in Russland. Insoweit sei das Problem der mittelständischen Unternehmen bereits erkannt.

erste Auslandsreise von Wirtschaftsminister Rösler führt nach Moskau zur Unterstützung der deutschen mittelständischen Wirtschaft

Was die politische Seite anbelange, so sagte **Herr Kirsch**, dass man von Seiten des Ministeriums zurzeit noch versuche, Gespräche zwischen den Herrn Kristenkov und Schmatko zu organisieren, um den bereits bestehenden Kontakt vertiefen. Es sei eigentlich Tradition, dass man den Wirtschaftsminister mit seinen Kollegen in Russland zusammengebracht habe.

Im Hinblick auf die Kritik an fehlenden politischen Konsultationen auf höchster Ebene meinte **Herr Kirsch**, dass Frau Merkel in den letzten Jahren öfter Medvedev gesehen habe, als Herr Kohl damals Herrn Gorbatschow. **Insgesamt gebe es relativ viele Treffen.** Das Problem auf sei vielmehr, dass diese Treffen kaum publiziert würden. Gerade auf höherer politischer Ebene sehe man sich relativ häufig.

Treffen auf politischer höchster Ebene wurden intensiviert

Kritik an fehlender politischer Ebene nicht gerechtfertigt

Im Zusammenhang mit der Mittelstandkonferenz in Moskau Ende Mai würden auch mehrere Bundestagsabgeordnete nach Moskau zu politischen Konsultationen reisen. Ferner sei **der ehemalige Außenminister Fischer**

Kontakt auf Regierungsebene intensiver, als angenommen

---

[37] http://moscow.ru/de/infrastructure/business_finance/business/business_communities/ support/

zu diesem Zeitpunkt in Moskau, was zeige, dass es einen relativ starken politischen Dialog und Austausch gebe.

Darüber hinaus dürfe man nicht vergessen, dass in der Regel parallel zum **Besuch eines Bundeswirtschaftsministers in Moskau immer deutscher Unternehmer** zu Gesprächen eingeladen würden. Weiterhin würden bei einem Briefing beim deutschen Botschafter in Moskau in der Regel immer russische Experten oder vor Ort tätige deutsche Unternehmer eingeladen, wobei darauf geachtet werde, dass diese möglichst unabhängig von der politischen Administration in Russland seien, damit der Minister auch ein anderes Bild erhalte, dass weder von Presse noch von offizieller Politik bestimmt sei.

Gespräche mit Unternehmern voraus bei Delegationskreisen relativieren mediale Sicht auf Russland

Tatsächlich ergebe sich durch diese Gespräche bisweilen ein völlig anderes Bild, als dieses, welches in den Medien kolportiert werde. Die Organisation dieser Gespräche sei vor allen Dingen eine wesentliche Möglichkeit, wie man sich von Seiten des Wirtschaftsministeriums im Hinblick auf die Verbesserung der deutsch-russischen Wirtschaftsbeziehungen versuche, Einfluss zu nehmen.

Herr Richter meinte jedoch, das zurzeit auf politischer Ebene zu wenig Kontakte zwischen Deutschland und Russland bestünden.

Diese seien jedoch notwendig, wenn man bestimmte Projekte in Russland anschieben wolle. Dies gelte aber auch für die Beziehungen zwischen den russischen Regionen und den deutschen Bundesländern. So habe er vom Gouverneur der Region Vorornesch ein persönliches Schreiben, welches an den Ministerpräsidenten des Landes Sachsen gerichtet gewesen sei, erhalten, in dem vorgeschlagen wurde, die Kontakte zu intensivieren. Hierbei sei es insbesondere um Investitionen des Landes Sachsen in Projekte der Region Voronesh gegangen. Auf Nachfrage, wie denn dieses Projekt voranschreite, habe ihm die russische Seite beschieden, dass von der Staatskanzlei in Dresden allerdings monatelang keine Reaktion erfolgt sei.

fehlende politische Kontakte beeinträchtigen die Durchführung deutsch-russischer Projekte

Dies alles zeuge davon, dass es **zwischen der Bundesregierung bzw. den Behörden auf oberster Ebene und der russischen Regierung kaum Gesprächskontakte** gebe. Man könne nur hoffen, dass in nächster Zeit wieder persönliche Brücken nach Russland gebaut würden, um Projekte in Gang zu bringen. Allerdings müssten sich auch die Bundesländer gerade im Zusammenhang mit der wirtschaftlichen Zusammenarbeit stärker engagieren. Gerade die Beziehungen auf regionaler Ebene zwischen Deutschland und Russland müssen intensiviert werden. Ein gutes Beispiel hierfür sei der Besuch des Gouverneurs der Region Pensa in Düsseldorf gewesen, wo man zumindest versucht habe, auf regionaler Ebene Kontakte zu knüpfen und Projekte zu initiieren.

Forderung nach Verbesserung der Beziehungen auf Regierungsebene und auf der Ebene der Länder und Regionen

Es sei allerdings gerade in Deutschland sehr schwierig, den Landesregierungen, etwa Sachsen oder Sachsen Anhalt, die Kooperationen nahe zulegen.

Im Hinblick auf die Frage, wie wichtig Russland für Deutschland sei, berichtete **Herr Clement** aus **Erfahrungen in den USA, in denen fast ausschließlich China das beherrschende Thema** gewesen sei. Wenn man sich als Europäer dort nicht aktiv zu Wort melde, werde man schlichtweg übergangen.

aus der Sicht Amerikas ist Europa kein globaler Spieler, sondern vielmehr China

Daher rühre auch die Theorie, dass die Welt demnächst **allein von Amerika und China die beherrscht werde.**

Diese Vorstellung sei zwar übertrieben, jedoch zeigte sich **Herr Clement** überzeugt, dass Europa in dieser Entwicklung nur eine Rolle spielen werde, wenn es mit Russland zusammenarbeite. **Hierbei reiche eine reine Zusammenarbeit nicht einmal mehr aus, vielmehr müsse man Russland für Europa gewinnen.**

Europa kann nur zu einem weltpolitischen Pol reifen, wenn Russland miteinbezogen wird

Ähnliches gelte im Übrigen auch für die Türkei. Auf die **offenen Fragen der Kooperation mit Russland fehlten allerdings zurzeit wegweisende Antworten.** Es sei zwar übereilt zu sagen, eine solche Kooperation werde gar nicht stattfinden. Allerdings gebe es momentan keine politische Führung in dieser Richtung.

es fehlt an einer klaren Strategie im Hinblick auf die Kooperation mit Russland

7.3 Zwischenergebnis

Die Frage, ob die **wirtschaftlichen Beziehungen** zwischen Russland und Deutschland zurzeit auch **die Säule der politischen Beziehungen** allgemein sei, wurde nicht einheitlich beantwortet. Hierzu wurde unter anderem geäußert, dass vor dem Hintergrund statistischer Betrachtung die **Wirtschaftsbeziehungen zwischen Deutschland und Russland gar nicht so hervorragend seien**, wie bisweilen angenommen. Insofern sei feststellbar, dass die Beziehungen an Exklusivität verloren hätten.

Auch wurde die **Führungsrolle der Wirtschaft** im Hinblick auf die politischen Beziehungen **angemahnt**; die Wirtschaft müsse sich hier ihre Verantwortung bewusst werden.

Allerdings wurde auch die Auffassung vertreten, dass sich die **politischen Beziehungen auf höchster Ebene wesentlich** intensiviert hätten. Dies sei vor dem Hintergrund der Häufigkeit bilateraler Treffen auf höchster Ebene nachweisbar. Insofern habe die Politik immer noch die Rolle eines Zugpferdes.

Es wurde herausgestellt, dass eine reine wirtschaftliche Zusammenarbeit nicht ausreichend sein werde, um auf die Dauer einen **Gegenpol China und den USA** zu bilden. Hier fehle es allerdings an politischer Führung.

8. Partnerschaft für Modernisierung

Herr Steininger nahm noch einmal Bezug auf die neue im Sommer 2010 beschlossene *Partnerschaft für Modernisierung*[38] zwischen Russland und Deutschland und stellte **die Frage in den Raum, wie man diese Initiative am besten inhaltlich ausfülle.** Es sei bislang auch nicht wirklich klar, was bislang Inhalt dieser Modernisierungspartnerschaft sein solle.

Herr Schaich meinte, die **Modernisierungspartnerschaft werde von beiden Seiten jeweils so ausgelegt, wie es gerade passe.** Es ließe sich auf russischer Seite beobachten, dass häufig das Schlagwort „Innovation" genannt werde. Der Begriff „Innovation" ließe sich als Hinweis auf angewandte Wissenschaft verstehen.

Modernisierungspartnerschaft ist Auslegungssache

---

[38] Verweis auf Fußnote, wo diese Modernisierungspartnerschaft schon angesprochen wurde
http://www.european-council.europa.eu/home-page/highlights/eu-russia-partnership-for-modernisation?lang=de

Herr Schaich argumentierte, dass er, was die deutsch-russische Partnerschaft anbelange, auf jeden Fall auch noch weite Teile der **wissenschaftlichen Kooperation** auf dem Gebiet der Grundlagenforschung dazu zähle. Allerdings **fehlen seiner Auffassung nach zur Modernisierungspartnerschaft stellenweise auch der Jugendaustausch und die Nachwuchsförderung** in weiten Bereichen. Dies sei ein wichtiges Feld, auf dem man noch aktiver werden müsste.

wissenschaftliches Element der Modernisierungspartnerschaft

Jugendaustausch und Nachwuchsförderung kommen zu kurz

Herr Schaich ging davon aus, dass der Begriff der Modernisierungspartnerschaft bewusst weit gefasst worden sei. Er gab ferner zubedenken, dass seit einiger Zeit Ressortstreitigkeiten zwischenunterschiedlichen Ministerien herrschten, wer die Modernisierungspartnerschaft für sich beanspruchen könne.

großer Auslegungsspielraum im Hinblick auf den Begriff „Modernisierungspartnerschaft"

Herr Schaich sagte ferner, dass aus seiner Sicht nichts dagegen spreche, in die Modernisierungspartnerschaft möglichst viel hineininterpretieren, um auch im Ergebnis möglichst viel zu erreichen.

Herr Steininger gab zu bedenken, dass an einem Projekt wie der Modernisierungspartnerschaft sehr **viele Erwartungen hingen,** welche das gesamte Projekt erschwerten. Schon deshalb sei es fraglich, inwieweit das Projekt fachgerecht umgesetzt werden könne.

hohe Erwartungen und ohne Erfolgsdruck bei der Modernisierung und Partnerschaft

Herr Brand äußerte diesbezüglich, dass das Problem der Modernisierungspartnerschaft darin bestehe, dass zunächst bereits lange bekannte und Problemen beseitigt werden müssten, bevor eine solche Partnerschaft wirklich in Gang komme.

Beispielsweise sei der **russische Zoll nach wie vor ein extrem großes Hindernis.** Dies gelte auch für **technische Regulierungen, insbesondere für die GOST-Normen,**[39] die ein großes Problem für den deutschen Anlagenbau sei. Es sei für deutsche Unternehmen bis-

bereits lange bekannte Probleme erschweren Fortschritt bei der Partnerschaft, so insbesondere Zoll-und GOST-Vorschriften

---

[39] „GossudarstvennyStandart": es handelt sich insbesondere um technische Standards (vergleichbar mit DIN), die von der „Föderale Agentur für technische Regulierung und Metereologie" für beinahe alle technischen Produkte, welche in der russischen Föderation verkauft werden, Geltung besitzen. Ein Verstoß gegen den so genannten GOST kann dazu führen, dass ein Produkt in Russland nicht vertrieben werden kann.

weilen sehr schwierig aufgrund dieser Vorschriften, Anlagen nach Russland zu liefern. Dies gelte insbesondere auch für die Absicherung von Lieferverträgen.

Hinzu kämen insbesondere erschwerende steuerliche Regelungen sowie Vorschriften über die Anmeldung ausländischer Unternehmen in Russland.

Im Ergebnis müssten vor **allen Dingen die Visaregelungen erleichtert werden.** Dabei solle man nicht sagen, dass nur Deutschland Verantwortlicher sei für die schleppende Visaerteilung.

Herr Schaich entgegnete **Herrn Brand,** dass man klarstellen müsse, dass nicht Europa bzw. die Europäische Union sich gegen die Visafreiheit gegenüber Russland ausspräche, sondern vielmehr **Deutschland in der Position des Bremsers** sei.

Gerade viele **europäische Partnerländer seien für Visafreiheit mit Russland** und handhaben die Visavergabe wesentlich liberaler während Deutschland sich in der Regel bei entsprechenden Verhandlungen dagegenstelle. Dabei sei der Grund hierfür nicht wirklich ersichtlich.

Visafreiheit eines drängensten Probleme, dessen Lösungvor allem von deutscher Seite blockiert werde

9. „Drei-Kräfte-Theorie"

Herr Steininger sprach zum Schluss noch einmal die **so genannte „3-Kräfte-Theorie"** an, wonach es in Zukunft auf der Welt vor allen Dingen der Reihe Kräfte geben werde: **die USA, China und Europa, jedoch nur unter Einbeziehung Russlands.**

Es stelle sich die Frage ob diese **Theorie mehr visionär oder eher illusionär sei.**[40] Unter Bezugnahme auf **Herrn Clement** und dessen geschilderten Erfahrungen aus den USA sei es auch denkbar, dass Europa überhaupt keine Rolle mehr spiele und sich die Welt bipolar zwischen China und den USA aufteile.

---

[40] Der ehemalige Verteidigungsminister Volker Rühe vertritt sogar die Ansicht, dass die weltpolitischen Probleme nur dann gelöst werden können, wenn Russland in die NATO aufgenommen würde; Beispiel Beitrag in Spiegel online http://www.spiegel.de/politik/ausland/0,1518,682127,00.html.

Herr Clement verwies im Hinblick auf diese „3-Kräfte-Theorie" auf die Aussage des ehemaligen Bundeskanzlers Gerhard Schröder, wonach **es auf der Welt keine Frage von Bedeutung gebe, die ohne Russland gelöst werden könne.** Diese Meinung vertrete er ebenfalls vehement.

keine weltpolitischen Probleme können ohne Beteiligung Russlands gelöst werden

Als Beispiel ging Herr Clement auf die **offenen Energiefragen ein, die ohne Russland nicht zu lösen seien.** Gerade hierdurch gewinne Russland noch zusätzlich an großer Bedeutung. Dies lasse sich auch nicht einfach wegdiskutieren. Ferner sei auch die **Klimafrage** ohne Russland nicht zu bewältigen.

Aber auch in **Sicherheitsfragen** komme Russland eine Schlüsselposition zu. Dies könne man beispielsweise bei der Auseinandersetzung mit dem Iran, aber auch bei anderen bedeutenden Konflikten beobachten.

Herr Clement stimmte **Herrn Rahr** zu, dass die deutsche Politik mit Blick auf Russland derzeit zu passiv sei.

Auf russischer Seite sei **die Bereitschaft zur Zusammenarbeit noch nie so groß gewesen, wie gegenwärtig.** Deshalb sollten alle Chancen genutzt werden sollten, die es gebe.

Herr Clement betonte, dass man sich gerade mit dem Institut vorgenommen habe, die **Professionalisierung der Zusammenarbeit zwischen Deutschland und Russland** insbesondere auf dem rechtlichen und wirtschaftlichen Gebiet voranzutreiben. Sicherlich befinde man sich mit dem Institut noch in der Anfangsphase im Hinblick auf diese Zielrichtung, jedoch wolle man hiermit einen wenn auch kleinen, so doch dauerhaften Beitrag leisten.

Institut soll an der Schnittstelle von Recht und Wirtschaft zwischen Russland und Deutschland Anstöße geben

Ferner sei es eben auch **Ziel des Instituts**, für die **Zusammenarbeit im Hinblick auf Recht und Wirtschaft Anstöße zu geben.** Man müsse - wie es bereits in der Diskussion angeklungen habe - auch versuchen, die verschiedenen **Kräfte in Deutschland,** die ein verstärktes Interesse an der Zusammenarbeit mit Russland hätten, **zu organisieren oder zumindest zu bündeln.** Dies sei ja bereits auch von den Äußerungen der Anwälte und des

Vertreters vom Richterbund entsprechend geäußert
worden.

Die Konferenz sei vor allen Dingen deshalb veranstaltet
worden, um **einen Überblick über die Themenstellun-
gen zu erhalten, welche die Praktiker bewegten.** Ein
gutes Beispiel hierfür sei die Frage eines **Anerkennungs-
und Vollstreckungsabkommens** zwischen Deutschland
und Russland, das die rechtliche und wirtschaftliche Zusammenarbeit wesentlich erleichtern würde.

*Ziel: Überblick über
praktisch relevante
Themen zu erhalten
wie z. B. Vollstre-
ckungsabkommen,
wirtschaftliche Zu-
sammenarbeit*

Ein weiteres Ergebnis der **heutigen Diskussion sei vor
allem, dass auch in Deutschland zu wenig Geld in Institute** wie dieses investiert werde und somit Wissenschaft und Ausbildungsbildung im Bereich Wirtschaft
und Recht in Russland und Osteuropa litten. Hier müsse
man versuchen, konkrete Lösungen auszuarbeiten und
an die Politik heranzutreten. **Herr Clement** räumte ein,
dass dafür allerdings sehr viel Energie und Nachhaltigkeit notwendig seien.

*Unterstützung ent-
sprechender Einrich-
tungen in Deutsch-
land nötig*

Im Blick auf die **mediale Wahrnehmung** Russlands
müsste man darauf setzen, dass sich das Bild insbesondere durch Gespräche verändere. Auf keinen Fall solle
man sich nicht durch eine negative Presse aufhalten lassen. Eine Möglichkeit, das Bild Russlands zu verändern
sei zum Beispiel, sich aktiv etwa durch Beiträge im
Internet, zum Beispiel auf der Homepage des Instituts,
an der Diskussion zu beteiligen.

Herr Clement schloss mit den Worten, dass er **dankbar
wäre, wenn man eine Diskussion auf Expertenebene
wie diese im Rahmen des Instituts fortsetzen könne.**
Er hoffe, dass sich die Ergebnisse der Diskussion in konkreten Handlungen niederschlügen.

10. Schlussbetrachtung

Im Folgenden sind die wesentlichsten Ergebnisse und Aussagen der Veranstaltung noch einmal kurz zusammengefasst. Es sei hervorgehoben, dass sich auf der Grundlage des den Teilnehmern der Veranstaltung zur Verfügung gestellten Fragenkataloges (siehe **Anlage II**) in der Diskussion einige Schwerpunktthemen herausbildeten, die den Experten bedeutsam erschienen. Hierzu gehören vor allem die Themen Rechtssicherheit, Beratungsbedarf für Russland, mediale Wahrnehmung Russlands in Deutschland und Mittelstand sowie wirtschaftliche Ausrichtung Russlands.

Es ist ferner zu berücksichtigen, dass die Diskussion bisweilen kontrovers verlief; auf die Darstellung der einzelnen Meinungen wird in dieser Zusammenfassung verzichtet und auf den Hauptteil verwiesen:

1. **Allgemeine politische Ausrichtung Russlands:** In Russland seien zwei grundsätzliche politische Strömungen erkennbar: Die eine präferiere die Hinwendung zum Westen bzw. zur Europäischen Union, die andere strebe eine östliche Ausrichtung in Form einer Union mit Kasachstan und Weißrussland an. Die beiden Strömungen seien auch an der Wirtschaftspolitik ablesbar. So verfolge die eine, nach Europa gewandte Strömung eher die Stärkung mittelständischer Strukturen, während die andere vor allem die Staatskorporativen und die Energiewirtschaft fördere (siehe auch Ziffer 5 der Zusammenfassung). Letztere werde vor allem von Ministerpräsident Putin vertreten.

2. **Rechtssicherheit:** Im Hinblick auf Rechtssicherheit waren sich alle Experten einig, dass Russland große Fortschritte gemacht habe, wobei dies in der deutschen Öffentlichkeit nicht ausreichend wahrgenommen werde. Insbesondere die Vorschriften des wirtschaftsrechtlichen Bereiches wie etwa des Zivilgesetzbuches oder des Steuerrechts böten eine gute theoretische Basis für die Investitionen und Rechtssicherheit. Auch die Praxis der Rechtsprechung habe sich wesentlich gebessert, was man beispielsweise an der Forderungsdurchsetzung erkennen könne. Auch sei die Rechtsprechung mittlerweile wesentlich transparenter.

   Nichtsdestotrotz sei Korruption immer noch an der Tagesordnung, insbesondere bei den Behörden, aber auch im Justizbereich. Im Zusammenhang mit der Korruption wurde auch herausgestellt, dass diese für Investoren vor allen Dingen vor dem Hintergrund der Compliance-Regelungen in den Heimatländern problematisch sei.

3. **Beratung Russlands bzw. russischer Institutionen:** Nach einhelliger Meinung sollte die klassische Beratung durch Organisationen nunmehr durch Kooperationen und bilaterale Gespräche sowohl auf anwaltlicher,

gerichtlicher oder wissenschaftlicher Ebene ersetzt werden. Aber auch die klassische Beratung sei noch punktuell sinnvoll, wenn es um die Schaffung vertiefter theoretischer Grundlangen gehe wie etwa im Bereich der Justizfortbildung. Es sei jedoch wichtig klarzustellen, dass zwischen Russland und Deutschland Gleichberechtigung herrsche müsse; vor allen Dingen dürfe nicht der Eindruck der Arroganz entstehen, für die es auch tatsächlich keine Gründe gebe. Dies gelte insbesondere auch deswegen, da Russland in den letzten Jahren wirtschaftlich und politisch eine sehr starke Position erlangt habe. Die Beratung auf Gesetzgebungsebene sei im Hinblick auf Russland allerdings nicht mehr zeitgemäß.

4. **Darstellung Russlands in den deutschen Medien:** Von der überwiegenden Anzahl der Tagungsteilnehmer wurde die Ansicht unterstützt, dass das Bild Russlands in Deutschland in den Medien wesentlich schlechter gezeichnet werde, als die Realität sei. Dies gelte auch im Hinblick auf das Justizsystem. Die Wirklichkeit werde nur unvollständig abgebildet. Dies, was berichtet werde, sei zwar objektiv nicht falsch, in seiner Darstellung allerdings selektiv; positive Ereignisse würden nicht kolportiert. Eine andere Meinungsgruppe der Teilnehmer verteidigte allerdings die Darstellungen in den Medien, da diese nur ihrer Berichtspflicht nachkämen.

   Auseinander gingen die Meinungen auch im Hinblick auf die Gründe für die negative Berichterstattung, die vor allem jedoch vor allem in einer traditionell unterschiedlichen Einstellung von Medien einerseits und Wirtschaft andererseits gegenüber Russland zu suchen sei. Einig war man sich dahin gehend, dass man dieses Problem nicht durch eine Presseschelte, sondern nur durch einen Bewusstseinswandel herbeiführen könne. Die meisten Teilnehmer sagten allerdings, dass eine Fortsetzung der gegenwärtigen Darstellung Russlands auf die Dauer den bisherig guten Wirtschaftsbeziehungen und den deutsch-russischen Beziehungen Schaden zufügte.

5. **Mittelstand und wirtschaftliche Entwicklung in Russland:** Wie bereits im Hinblick auf die allgemeine politische Ausrichtung Russlands (siehe Ziffer 1) festgestellt, ließen sich ebenfalls zwei hiermit korrespondierende wirtschaftspolitische Strömungen in Russland erkennen: Die eine, die vor allen Dingen von Präsident Medvedjev vertreten werde, unterstütze den Aufbau des Mittelstandes, die andere den Energiesektor und die Stadtkooperativen. Einig war man sich, dass mittelständische Strukturen in Russland zwar grundsätzlich existierten, jedoch zurzeit in Russland keine tragende Rolle spielten. Das Hauptproblem des Mittelstandes bestehe darin, dass die rechtlichen und wirtschaftlichen Rahmenbedingungen geschaffen werden müssten, damit dieser sich frei entwickeln könne.

Einig war man sich im Hinblick darauf, dass Mittelstand nicht „von oben" herab verordnet werden könne; ein solcher Versuch sei ein „klassischer" Fehler.

Auf jeden Fall müssten aber auch die allmächtigen Staatskorporativen begrenzt werden.

Kontrovers diskutiert wurde allerdings, inwieweit der Mittelstand in Russland überhaupt gefördert werden müsse; denn man sei in Russland mit der Energiepolitik bislang sehr erfolgreich gefahren, so dass sich überhaupt die Frage nach der Notwendigkeit der Mittelstandsförderung ergebe. Man solle sich die Frage stellen, inwieweit man hier das deutsche Modell für Russland überhaupt empfehlen könne.

Im Hinblick auf die Energiepolitik bestand weitgehend Einigkeit darüber, dass die Bedeutung Russlands in den kommenden Jahren aufgrund des Energiebedarfs der westlichen und asiatischen Länder erheblich wachsen werde.

6. **Forschung und Wissenschaft:** In diesem Bereich war man sich einig, dass das wissenschaftliche Personal in Russland unterbezahlt sei und deshalb ein „brain drain" bereits vor langer Zeit eingesetzt habe, der bislang auch nicht beendet sei. Nicht ganz einheitlich beantwortet wurde die Frage, ob es sinnvoll sei, durch staatlich geförderte Forschungseinrichtungen wie Rosnano oder Skolkovo Wissenschaft und Forschung aufzubauen. Ähnlich wie beim Mittelstand, könne man die Entstehung eines neuen „Silicon Valley" nicht staatlich „von oben" verordnen. Hier würde derselbe Fehler gemacht, wie beim Aufbau des Mittelstandes.

Hierzu gab es jedoch auch Gegenstimmen: Diese gingen davon aus, dass mit diesem Projekt zumindest ein positiver Ansatz gemacht werde, der nicht nur Arbeitsplätze schaffe, sondern auch eine Chance für ausländische Investoren darstelle.

7. **Wirtschaftliche Zusammenarbeit zwischen Deutschland und Russland:** Nicht einheitlich beurteilt wurde von den Teilnehmern die Wirtschaftsbeziehungen und politischen Beziehungen zwischen Deutschland und Russland sowie deren Bedeutung. So wurde geäußert, dass die bisherigen Wirtschaftsbeziehungen und politischen Beziehungen an Exklusivität verloren hätten; es wurde sogar die Ansicht geäußert, dass die Wirtschaftsbeziehungen in Wahrheit gar nicht so hervorragend seien, wie häufig behauptet, wenn man den statistischen Umfang des Austausches betrachte. Insbesondere bestehe auch die Gefahr, dass sich Russland nach China orientiere. Gerade im Energiebereich könne Deutschland stärker auf Russland zugehen. Jedoch wurde auch geäußert, dass – wenn man über-

haupt von guten Beziehungen sprechen könne – die Wirtschaft der tragende Pfeiler dieser Beziehungen zwischen Deutschland und Russland sei, da sich die politischen Beziehungen und Kontakte nachträglich abgekühlt hätten. Letzterem wurde allerdings von Seiten des Vertreters des Wirtschaftsministeriums widersprochen, da gerade die Treffen auf Regierungsebene zwischen Deutschland und Russland in Wahrheit in den vergangenen Jahren zugenommen hätten.

8. **Partnerschaft für Modernisierung:** Im Hinblick auf die Modernisierungspartnerschaft zwischen Deutschland und Russland wurde insbesondere die Kritik geäußert, dass diese bislang viel zu unkonkret sei. Es fehle an greifbaren Inhalten.

   Außerdem seien Grundfragen wie etwa die Visumsfreiheit oder die Standardisierung bestimmter Vorschriften im technischen Bereich nicht geklärt, die jedoch Voraussetzungen für eine vertiefte Zusammenarbeit und somit auch für die Modernisierungspartnerschaft seien. Insofern wurde diese Partnerschaftsinitiative eher zurückhaltend beurteilt.

9. **„Drei-Kräfte-Theorie":** Unter Zustimmung der Tagungsteilnehmer bekräftigte die **Herr Clement** die so genannte *„Drei Kräfte Theorie"*, wonach es in Zukunft drei Machtzentren in der Welt geben werde: USA, China sowie Europa, allerdings nur in Verbindung mit einer über eine privilegierte Partnerschaft hinausgehende Zusammenarbeit mit Russland bzw. einer direkten Einbeziehung Russlands. Die deutsche Politik müsse entsprechend handeln, und auch auf Russland zugehen sowie Institutionen fördern, welche die Zusammenarbeit mit Russland stärkten.

IV. Ansprache des Vertreters der Russischen Botschaft, Herrn Professor Alexander Derevjantschenko zur Veranstaltung

Herr Derevjantschenko bedankte sich für die Einladung zu der Veranstaltung. Diese finde zu einem Zeitpunkt statt, an dem das 90jährige Jubiläum von der deutsch-russischen Wirtschaftsbeziehung gefeiert werde.

Im Jahre 1921, am 06. Mai, sei der Vertrag unterzeichnet worden über die Aufnahme der offiziellen Wirtschaftsbeziehungen zwischen Deutschland und Russland, wenngleich die Wirtschaftsbeziehungen zwischen beiden Ländern wesentlich länger währten als 90 Jahre.

Die Historiker behaupteten, der erste Vertrag zwischen Hanse und dem Nowgorod sei bereits vor über 1.000 Jahren unterzeichnet worden. Aber die ersten offiziellen Handelsvertretungen von Russland in Deutschland und umgekehrt seien eben vor 90 Jahren gegründet worden. Seit dieser Zeit hätten Wirtschaftsbeziehungen beider Länder einige Höhen und Tiefen erlebt. Aber zurzeit sei Deutschland für Russland der führende Handelspartner. Und Deutschland sei das erste Land mit dem Russland eine Modernisierungspartnerschaft geschlossen habe, was von der russischen Seite sehr geschätzt werde.

Viele der hier behandelten Themen seien sehr interessant und es erfreue die russische Seite sehr, dass bei dieser Veranstaltung eine differenzierte Herangehensweise gezeigt werde. Das gelte vor allen Dingen für den Aspekt, dass die Rechtslage in Russland nicht einseitig negativ bewertet werde.

Herr Derevjatscheko verwies auf seinen eigenen soziologischen Hintergrund. Mit einem soziologischen Blick versuche man die Entwicklung der Rechtslage in Russland positiv oder negativ zu bewerten. Es sei sehr interessant für ihn festzustellen, dass die meisten Diskutanten die Entwicklung der Rechtslage in Russland eher positiv beurteilt werden.

Man müsse auch natürlich beachten, dass Russland ein sehr großes Land sei mit sehr vielen Nationalitäten, Ethnien und Religionen. Herr Derevjatscheko benannte noch eine weitere soziologische Kategorie, nämlich die der Generationen. Er selbst habe den größten Teil seines Lebens in der Sowjetunion verbracht. Und dann die Ereignisse von 1991: Diese hätten seine Generation und die neue Generation stark geprägt, man könnte auch sagen traumatisiert.

Im Hinblick auf die Wirtschaft habe es Anfang der 90er Jahre es eine neue wirtschaftlich aufstrebende Elite gegeben, die eine nicht ganz eindeutige Vergangenheit gehabt hätte. Das sei ein weiterer Gesichtspunkt, den man berücksichtigen sollte, wenn man über die Wirtschaft am Ende des 20. Jahrhunderts und zu Beginn dieses Jahrtausends spreche.

Aber die Gesellschaft entwickle sich natürlich weiter und jetzt komme eine neue Generation, die besser ausgebildet sei, die besser vorbereitet sei, die allerdings auch patriotischer sei. Dies wiederum präge die Gesellschaft sehr stark.

Herr Derevjatscheko nannte ein Beispiel. Er sei das erste Mal ins Ausland im Alter von 38 Jahren gefahren. Für seinen Sohn hingegen seien Auslandsreisen völlig natürlich, denn dieser sei schon im Alter von 10 Jahren das erste Mal ins Ausland gekommen; er spreche drei Fremdsprachen im Gegensatz zu seinem Vater. Und sein Sohn sei nun einer von denen, der als ein Vertreter dieser neuen Generation heranwachse und die politische und die wirtschaftliche Elite präge. Insofern befänden sich in Russland Generationen mit vollkommen gegensätzlichem Hintergrund.

Im Hinblick auf die Mentalität der Russen sagte Herr Derevjatscheko, dass es in deutschen Buchhandlungen sehr viele Bücher über Fußball gebe, aber kaum über das Schachspielen. In Russland sei dies genau andersherum.

Er könne feststellen, dass Russland bisher immer mit schwarz gespielt habe, wobei die weißen Figuren im Schach immer den Vorzug haben. Und wenn er aber an die neue Generation in Russland denke, dann könne er sich vorstellen, dass sie mit weißen Figuren spielen wolle. Und die Partner in Deutschland und in Europa sollten drauf vorbereitet sein.

Anhang I: Liste der Teilnehmer der wirtschaftspolitischen Gespräche des Ostinstitutes Wismar am 17. Mai 2011

Thema: „Im russischen Spannungsbogen: Deutsche Wirtschaft und Politik zwischen Werten und Partnerschaft"

Nr.	Name	Institution/Unternehmen
1.	Herr Thomas Brand	Rechtsanwälte, Binetzky, Brand & Partner, Moskau
2.	Herr Prof. Dr. Burkhard Breig	FU Berlin
3.	Herr Dr. h.c. Wolfgang Clement	Bundeswirtschaftsminister a.d.; Ministerpräsident a.d.
4.	Herr Andreas Dippe	Rechtsanwälte Derra, Meyer und Partner Rechtsanwälte
5.	Frau Tatjana Galander	Rechtsanwälte und Wirtschaftsprüfer PwC, Berlin/Moskau
6.	Herr Per Fischer	Commerzbank Frankfurt/Moskau
7.	Herr Dr. Christian Forneck	Wissenschaftlicher Mitarbeiter von Philipp Mißfelder MdB, Außenpolitischer Sprecher der CDU/CSU-Bundestagsfraktion
8.	Frau Dr. Gabriele Freitag	Geschäftsführerin der Deutschen Gesellschaft für Osteuropakunde e.V.
9.	Herr Dr. Thomas Heidemann	CMS Rechtsanwälte, Moskau
10.	Herr Jens Heitmann	Euler Hermes Kreditversicherung, Hamburg
11.	Herr Dr. Thomas Hoffmann	Christian-Albrechts-Universität zu Kiel
12.	Herr Thomas Hoppe	Europäischer Hochschulverlag, Bremen
13.	Herr Phillip Iza Schilling	Bundesgeschäftsführer des Deutschen Richterbundes
14.	Herr Jörg Kirsch	Bundesministerium für Wirtschaft
15.	Herr Dr. Gert Lenga	Geschäftsführer Knauf Werkstoffe, Russland
16.	Herr Prof. Dr. Joachim Lippott	Auswärtiges Amt

17.	Frau Dagmar Lorenz	Dagmar Lorenz Rechtsanwälte St. Petersburg
18.	Herr Oliver Lorenz	Wegweiser GmbH, Berlin
19.	Frau Anke Losch	Wolters Kluwer Verlag, Legal TribuneOnline, Köln
20.	Frau Dr. Elena Malieva	Mecklenburg-Vorpommern Invest
21.	Herr Prof. Dr. Otto Luchterhandt	Universität Hamburg
22.	Frau Sylvia Noll	Europäischer Hochschulverlag, Bremen
23.	Herr Sebastian Nitzsche	Stellvertretender Geschäftsführer des deutsch-russischen Forums e.V.
24.	Herr Cornelius Ochmann	Bertelsmann Stiftung, Bielefeld
25.	Herr Alexander Rahr	Deutsche Gesellschaft für Auswärtige Politik e.V. und Berthold Beitz Zentrum Berlin
26.	Herr Dr. Christian Schaich	Deutsche Forschungsgemeinschaft, Wissenschafts-Forum Berlin
27.	Herr Dr. Hermann Schmitt	Managing Partner, Rechtsanwälte White & Case, Moskau
28.	Herr Andre Scholz	Managing Partner, Wirtschaftsprüfer und Steuerberater Rödl & Partner, Moskau
29.	Herr Prof. Dr. Andreas Steininger	Hochschule Wismar, Rechtsanwälte Beiten Burkhardt
30.	Frau Irina Aleksandrovna Vesselitskaya	Managing Partner, Patentanwaltskanzlei v. Füner, Ebbinghaus, Finck, Hano, München, Moskau
31.	Prof. Dr. Rainer Wedde	Hochschule RheinMain
32.	Herr Prof. Dr. Joachim Winkler	Hochschule Wismar
33.	Herr Prof. Dr. Alexander Derevjantscheko	Botschaft der Russischen Föderation in der Bundes Republik Deutschland; Wirtschaftsbüro

Anhang II: Fragenkatalog

1. **Rechtssicherheit**
   Ist das russische Justizsystem in der Praxis wirklich so korrupt und unzuverlässig, wie bisweilen in den Medien dargestellt? Welche Verbesserungen im Justiz- und Polizeisystem wären anzustreben? Sind ausländische Berater hier noch wünschenswert?

2. **Investitionssicherheit**
   Bietet das russische Wirtschaftsrecht eine ausreichende Basis für ausländische Investitionen? Wäre ein Verwaltungsrechtszweig erforderlich? Wäre ein gegenseitiges Anerkennungs- und Vollstreckungsabkommen zwischen Deutschland und Russland sinnvoll und notwendig?

3. **Wirtschaftskraft**
   Wie ist die Leistungsfähigkeit der russischen Wirtschaft im Vergleich zur Europäischen Union und den USA einzuschätzen? Welche Rolle spielen hierbei die Staatskooperativen und Sonderwirtschaftszonen?

4. **Mittelstand und Wettbewerb**
   Präsident Medwedjew hat seit 2009 vor allem versucht, den Mittelstand zu fördern und Wirtschaft und Politik zu trennen. Existiert bereits Mittelstand mit Zukunft? Inwieweit ist die Trennung von Politik und Wirtschaft in Russland realistisch und wünschenswert?

5. **Energie und politische Macht**
   Ist die Energiefrage, die gerade nach Fukushima in Deutschland wieder eine wesentliche Rolle spielt, die mittlerweile wichtigste russische Waffe? Droht die politische Abhängigkeit von Russland?

6. **Medien**
   Ist die Pressefreiheit in Russland tatsächlich so eingeschränkt, wie hierzulande behauptet? Ist die Sichtweise deutscher Medien auf Russland einseitig negativ oder realistisch?

7. **Wirtschaftspartnerschaft und politische Partnerschaft**
   Trifft es zu, dass die deutsch-russischen Beziehungen zurzeit vor allem durch wirtschaftlichen Austausch geprägt sind? Sollte versucht werden, Russland eine über eine „privilegierte Partnerschaft" hinausgehende Assoziierung mit der Europäischen Union zu bieten? Wie ist diese Initiative zu beurteilen?

8. **Deutsche Russlandpolitik und „Partnerschaft für Modernisierung"**
   Ist Deutschland noch die „Brücke Europas" zu Russland? Ist ein Strate-

giewechsel in der deutschen Russlandpolitik notwendig und wenn ja, in welche Richtung?

9. **Drei-Käfte-Theorie – visionär oder illusionär?**
Eine Theorie lautet, dass es in Zukunft drei Machtzentren auf der Erde geben wird: USA, China und Europa – Letzteres aber nur mit Russland. Ist dem zuzustimmen?